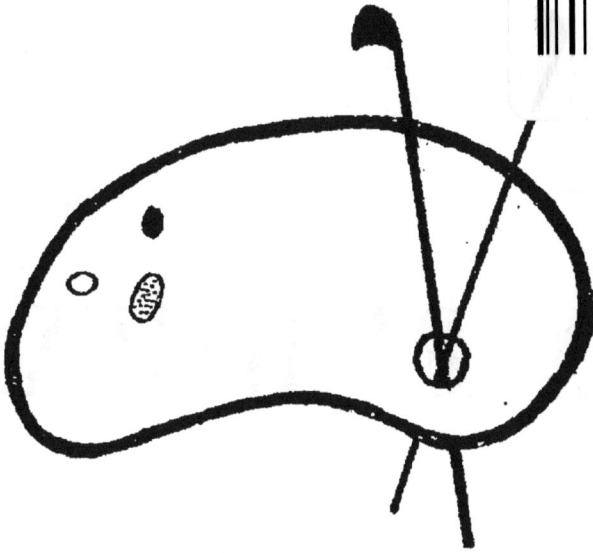

DEBUT D'UNE SERIE DE DOCUMENTS
EN COULEUR

MAURICE GRATIOT

DEUX PARISIENS

DANS

LE VAL D'ANDORRE

(SOUVENIRS D'UN VOYAGE AUX PYRÉNÉES)

PARIS

—

1890

ÉVREUX, IMPRIMERIE DE CHARLES HÉRISSEY

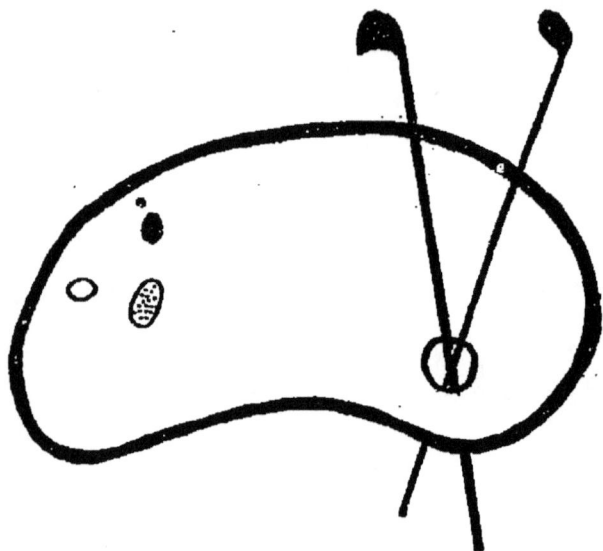

FIN D'UNE SERIE DE DOCUMENTS
EN COULEUR

DEUX PARISIENS

DANS

LE VAL D'ANDORRE

MAURICE GRATIOT

DEUX PARISIENS

DANS

LE VAL D'ANDORRE

(SOUVENIRS D'UN VOYAGE AUX PYRÉNÉES)

PARIS

—

1890

TRÈS MODESTE HOMMAGE

A LA MÉMOIRE

DE

MADAME PAUL KINSBOURG

DEUX PARISIENS

DANS LE VAL D'ANDORRE

CHAPITRE PREMIER

Deuxième départ sac au dos. — Perpignan.
Un dimanche dans le Midi.

A la fin de juillet 1888, de nouveau pliés
sous nos sacs et serrés dans nos guêtres,
nous repartions!... Et cette fois, il s'agissait
d'un voyage plus lointain, de parcourir les
Pyrénées et d'aller à la recherche de quelques cimes vierges encore...

Sept heures sonnent, l'aube est claire et
rosée, et les deux fidèles se retrouvent sur
le quai de départ, presque émus, du moins
fort heureux...

Et le lendemain, vers midi, nous voilà déjà,
promenant nos grandes enjambées dans

1

la poussière brûlante de Perpignan, après
avoir visité Toulouse — vu son Capitole, vu
ses cafés-concerts — de minuit à une heure
du matin...

Perpignan est une bonne et jolie ville,
animée du meilleur esprit pour les étrangers,
surtout pour les touristes qui marchent..
Aussi, nous y prodigua-t-on conseils et re-
commandations, tant verbales qu'écrites,
toutes fort utiles...

Nous restâmes à Perpignan tout un dimanche. — Il est fort probable, comme on
nous l'assure, que l'exubérance méridionale
et cette joie ensoleillée agacent fortement
les nerfs au bout d'un mois ; mais, pendant
un jour, c'est une folie amusante. Les rues
étant en feu et intenables, nous courûmes
au Cannet — une petite plage de quatre
sous, mais où l'on prend d'aussi bons bains
qu'à Nice, dans la Méditerranée bleue...
Nous dînâmes au frais, sous un large au-
vent, devant les Pyrénées teintes de violet,
qui viennent mourir là, dans les flots, et, le

soir, les grandes guimbardes, toutes cra-
quantes et chancelantes, bondées de têtes
roses, soulevées de rires énormes, nous
donnèrent tout le Midi d'un seul coup, sous
le soleil mourant...

Le 30 au matin, munis de lettres, de
cartes, d'apostilles pour les amis de Prades,
nous quittons Perpignan.

CHAPITRE II

Vers Prades. — Nous avons chaud. — Illé. — Vinça.
— Prades : causeries avec plusieurs de ses habitants.
— Le Viguier de France en Andorre. — Verrons-nous
le fameux Val ?...

Chaleur torride : ces premières heures de
marche furent une si forte épreuve qu'en
atteignant Illé nous étions morts, et c'est
dans ce village que nous avons compris pourquoi la sieste est une habitude chère à tout
l'Orient. Qu'on se tienne debout ou couché,
qu'on s'arrête ou qu'on marche, il faut dormir, mais ce sommeil, qui pour les habitants
du Caire doit être une volupté, ne fut pour
nous qu'une somnolence lourde et mauvaise. Et cependant, au bout de deux
heures, nous retrouvâmes assez de force

pour aller rendre visite à une vieille demoiselle, « propriétaire de quelques antiquités », et dont on nous montra la porte de loin...

Le contemplateur Balzac n'eût certes pas manqué cette visite... Pas plus que nous probablement, il n'eût acheté la table boiteuse « vieux Louis XV », et la pauvre glace auréolée, dite du « plus pur Venise », mais il eût vite crayonné un [de ces vieux intérieurs provinciaux dont les poutres, les murs, l'escalier semblent faits d'une poudre grise, impalpable, et qu'a peints excellemment l'auteur d'*Eugénie Grandet*.

A Illé, c'est un vieux soldat écloppé qui annonce, au son d'une trompette rauque, l'arrivée de la sardine fraîche, et ce pauvre guerrier, qui se redressa sur sa jambe de bois, en nous apercevant, presque honteux de crier ainsi « sa marine », donnait une note très pittoresque à la ruelle étroite et sombre où nous passions. C'est même dans cette petite rue, toute grouillante de marmots, barbotant dans des ruisseaux clairs. — que nous achetâmes... une lanterne ! — pour les étapes de nuit...

Nous voulions arriver le soir même à Prades, mais la fatigue, pour un premier jour, avait été rude, et nous couchâmes à Vinça, un riant village, qui nous offrit pour chambres deux cellules de cénobites...

Le lendemain, au point du jour, fort heureux de sortir de ces petites boîtes, nous quittons Vinça. Cette route de Prades est charmante avec ses lacets multiples et capricieux, et, comme nous nous retournons vingt fois vers le petit clocher qui jette à la vallée un bonjour argentin, il faut que ces bons paysans (des environs de Prades) nous prennent encore pour des espions — fatalité qui nous poursuivra dans tout ce voyage.

Vers dix heures, les premières maisons de la ville émergent des arbres et nous glissons doucement jusque chez January, un hôtel fameux... C'est là que nous déjeunons — avec les volets clos et l'énorme bourdonnement des mouches dans les oreilles — mais que nous n'entendons pas, car nous avons un convive, M. V..., chef d'institution, qui nous fait causer de nos étapes passées et de nos courses futures...

— Oui, dit le capitaine avec simplicité, nous avons l'intention de suivre à pied une grande partie des crêtes pyrénéennes...

— Et naturellement, poursuit le lieutenant sur un ton léger, nous passerons par le Val d'Andorre, qui doit être bien vert en ce moment, et dont les souvenirs poétiques et musicaux nous attirent... Vous savez, le vieux chevrier...

— Du beau pays d'Andorre ?...

Parfaitement : c'est dans notre programme. Nous y passerons. En sortant d'Andorre...

— En sortant d'Andorre !... s'écrie enfin M. V..., qui jusque-là nous a écoutés avec une patience exquise, mais pour en sortir, il faut y entrer...

— C'est indispensable.

— Et si vous croyez qu'on entre en Andorre comme dans un glacier suisse, vous vous trompez !...

C'était à notre tour maintenant d'être surpris.

— Comment ! vous n'allez pas quelquefois, en été, dans les beaux jours, demander un peu de fraîcheur et d'ombre aux Andorrans, vos voisins !...

— Mais, mes chers messieurs, c'est tout un voyage, toute une expédition !... Pour qui nous prenez-vous ?... Nous sommes de paisibles habitants de Prades, et non pas des explorateurs... Encore vous, des marcheurs, des hommes décidés, énergiques...

— Oh ! assez bien trempés tout au plus, insinue avec modestie le lieutenant G. — Mais nous pensions que c'était une jolie promenade...

— Une promenade ! dans un pays de sauvages !... une promenade ! qui exige des chevaux, des mulets, des guides !... A Prades,

1.

nous ne faisons jamais de ces promenades-
là...

Encore que nous soupçonnions nos chers
Méridionaux d'une légère paresse de jambes,
les obstacles vont surgir, nous le sentons,
mais rien n'excite comme la difficulté entre-
vue, et ce fameux Val, serait-ce la tête en
bas, nous le traverserons !...

Bientôt M. Gay, ingénieur des ponts et
chausées, nous rend visite, et veut bien nous
conduire chez M. Romeu, viguier de France
en Andorre.

Il est indubitable que Bonvalot, Capus et
Pépin, avant de traverser l'Asie centrale par
le Pamir, ont consulté moins longtemps
cartes, plans et itinéraires que nous, dans
le cabinet de ce fort aimable magistrat...

Et pourtant, chers amis, ne riez pas. Cette
carte d'Andorre, clouée à la muraille, trouble
le regard, comme une carte muette : d'immenses espaces blancs, sans un sentier, mais
bossués en réalité de monts de 3,000 mètres,
inexplorés... Voilà le grave. Nous savons

bien encore par où entrer, le Puymorens,
le Fra-Miquel ou le port de Soldeu, la ligne
est à peu près tracée et M. Romeu a fait le
voyage... — Mais c'est la sortie qui nous
échappe : par la Seu d'Urgel, distance énorme
— ou par la même route qu'en allant, —
Canillo, Soldeu, l'Hospitalet, — un retour
sur nos pas : triste perspective. M. V... avait
raison : c'est un peu moins simple qu'une
promenade au bois. Et puis, c'est tout un
défilé de gentilles histoires, faites pour nous
rassurer : les Andorrans, gens hospitaliers,
mais vieux de six cents ans, ombrageux,
soupçonneux, tout à la fin seulement, s'ouvrent et se livrent... — détestent la plai-
santerie — ont coffré deux jeunes gens, amis
du viguier, qui s'étaient permis de petites
farces, sans doute innocentes... Si c'est fini
de rire en entrant dans cet adorable Val,
diable !... Et pourtant, nous avons foi. —
Sans être Livingstone, il faut toujours avoir
foi dans son étoile — et nous n'écoutons pas
tous les bons mots qui doivent courir déjà

sur ces deux Parisiens du faubourg Mont-
martre qui vont conquérir l'Andorre, avec
leur petit bagage.....

Heureusement, M. Romeu et M. Gay nous
prennent plus au sérieux et nous donnent
l'un, des lettres pour les « autorités andor-
ranes », l'autre, quelques mots à l'adresse
du conducteur des ponts et chaussées de
Bourg-Madame, et même des cantonniers
qui peuvent servir de porteurs et de guides.
Avec tous ces appuis — jusqu'à un billet
pour M. le syndic des vallées — nous for-
cerons bien des portes. Le capitaine verse à
la compagnie quelques gouttes dorées de la
plus vieille et de la plus noble eau-de-vie de
France.... les verres se lèvent... — et c'est
le signal du départ.

CHAPITRE III

Départ de Prades. — Villefranche et l'effet que nous y
produisons. — Rencontre sur la route. — Olette.

Le temps est radieux, et notre halte a été
si longue que la petite trotte du matin n'est
plus qu'un souvenir. Bientôt à l'horizon, les
bons yeux distinguent des murs moussus et
crénelés : ce sont les murs de Villefranche,
simple village aujourd'hui, jadis ville forti-
fiée, et, dit-on, par le grand Vauban. Quel
effet nos lances, nos sacs, tout notre harnois
allaient-ils produire dans cette enceinte ? Un
effet admirable, et, nous pouvons le dire, ines-
péré... A peine la porte franchie, un officier
en tenue, raide, cambré, nous croise, nous
toise, puis se retourne et nous suit... M. V...
qui a bien voulu nous accompagner et qui

a le courage de nous parler encore, nous dit :
« Vous avez été pris hier pour des espions,
à Vinça, vous l'êtes encore aujourd'hui, et
cette fois surveillés et filés... On vient de me
le dire dans Villefranche. » Nous ne bron-
chons pas, nous ralentissons même... et
l'étonnant officier, nous laisse dépasser la
grande porte, et s'éloigne !... c'était une
petite aventure manquée pour lui comme
pour nous.

A cent mètres des murs, M. V..., dont
l'honnêteté connue nous a sans doute pro-
tégés, bat en retraite ; mais auparavant il
nous fait lever les yeux vers le nid d'un vieil
ermite, perché à plus de cinq cents mètres
dans le ciel, sur le flanc gazonné de la montagne... Et nos pauvres petites ombres,
s'éloignant sur la grande route, firent sans
doute naître dans cette cervelle solitaire
quelque pensée pleine de tristesse toute phi-
losophique...

Mais nous étions rendus à nos longs duos
de marcheurs, et nous nous moquions de la

brièveté de la vie !... La halte de cinq heures
eut lieu à Milias, un joli nom certes, et porté
par un village très heureusement situé,
qui nous offrit, avec les rafraîchissements
d'usage, un panorama simplement grandiose
de montagnes couronnées de neige rose...

De Milias à Olette où nous devons coucher,
le sol s'élève toujours, et nous en sommes
avertis par la fraîcheur du soir : plus de ces
grandes nuées de poussière aveuglante, mais
un soleil doux, ami, une brise fine qui nous
ferait marcher ainsi jusqu'à l'aurore... Et
puis, n'avons-nous pas la tête légèrement
romanesque, et ne faut-il pas que nous fas-
sions toujours sur notre route quelque rencontre poétique et attendrissante ?...

Voici donc ce que nous vîmes avant
d'atteindre Olette :

> Quatre gitanos à l'œil noir,
> Campés sur le bord d'une route,
> N'ont rien d'admirable sans doute...
> A Paris même on peut en voir. —
> Mais quand l'astre des nuits se lève,

. Tout devient doux, attendrissant,
Et puis, voyageur ou passant,
Il faut si peu pour que l'on rêve,
Quand le ciel est limpide et bleu !...
— Donc nous rêvâmes... — Je dois dire.
— Ah ! le clair et charmant sourire !... —
Qu'à ces gitanos le bon Dieu
Avait donné son plus bel ange,
Qu'ils appelaient Joséphina...
Et l'enfant, elle, devina
Que nous rêvions... — O charme étrange !.,.
Son frêle corps tout frissonnant,
Sa petite tête pâlie,
Plus triste encore que jolie
Nous ravirent... — Et nous tournant
Vers le chef : « Toi, dis une somme,
Nous l'emmenons. — Donne-nous-la. » —
Mais alors la pauvrette alla
Se jeter dans les bras de l'homme...

Après tout, c'est peut-être un malheur
de ne pouvoir se rappeler un gentil visage —
même de bohémienne — sans sentir aussi-
tôt la caresse d'une petite muse pédestre et
retroussée... Mais ici le tableau valait vraiment quelques rimes, avec ses tons chauds
d'Espagne dans les cheveux en forêt et les

grands yeux noirs de ces grands diables
bien taillés, superbes...

Les malheureux ! ils nous firent peine,
penchés autour de leur vieil âne demi-mort,
pauvre serviteur exténué, n'ouvrant plus
qu'un œil et refusant même la bonne pitance
verte... Quant à cette petite, à cette Joséphina... lorsqu'on y pense !... Ce teint
d'or fauve, ce regard, cette flamme qui en
jaillit, cette bouche fine et ce sourire, tant
de jeunesse et tant de grâce, roulant de
route en route, avec ces hommes !... Oui,
nous eûmes la vision soudaine de cette créa-
ture, fraîche comme une fleur de montagne,
lavée, parée, et alors moins belle peut-
être... Nos vers ne mentent pas : plus de
vingt fois, nous lui criâmes : « Allons ! viens,
nina !... viens, Joséphina !.. » tandis qu'un
colosse, le père sans doute, la tenait dans
ses bras velus, souriant aux maravedis que
de très loin nous faisions pleuvoir aux pieds
de la petite...

Mon Dieu ! c'est bien autant pour ses sou-

venirs que pour ses espérances que la vie
est si chère à l'homme...

Nous n'eûmes qu'à nous louer de l'hos-
pitalité reçue à Olette. Dans ces gorges
pyréennes, loin de Bagnères et de Luchon,
il y a encore des auberges et des aubergistes, d'accueil ouvert et peu marchands,
tandis que, depuis longtemps, chaque
sommet des Alpes a son caravansérail —
et l'électricité !

Vers neuf heures, notre dîner fini, nous
faisons la petite promenade ordonnée par
notre médecin, et la bise très âpre dans ce
col de 1,400 mètres nous force à courir.
C'est alors qu'il faut songer aux pauvres
amis de Paris, brûlant sur leur asphalte,
tandis que l'on grelotte presque sous son
plaid d'Ecosse — et cette pensée est d'un
égoïsme horrible et délicieux.

CHAPITRE IV

La sortie d'Olette. — Thuès. Son établissement thermal. — Un bon maître d'école. — Les gorges de
Garança. — Fonpédrouse. — Un montagnard mé-
content. — Arrivée à Montlouis.

On ne peut rêver de sites moins sévères
et pourtant plus grandioses que les gorges
qu'on découvre à la sortie d'Olette. Derrière nous se dresse, dans la brume bleuâtre
du matin, le Cap Cyr, dont les pics diaman-
tés rutilent sous ce soleil d'août, et notre
regard plonge à gauche dans l'admirable
vallée, abîme de fleurissante verdure ; au
fond de ce gouffre ou de cette pelouse,
notre hôte, qui nous accompagne, pointe
son gros bâton sur quelques taches blanches
qui sont des maisons. un village, puis sur

une aiguille bleue qui est le clocher. A quelques cents mètres au-dessus, contre l'autre
versant de la gorge. est perché le vieux
château de Nier ou de Nyer qui, depuis des
siècles, a dû voir plusieurs beaux levers de
soleil. Il nous faudrait ici quelque souvenir, une petite légende, un beau récit de
géants culbutés dans ces gorges, mais notre
brave aubergiste n'est occupé qu'à nous
faire découvrir, cinq cents pieds plus bas,
le petit moulin où il s'en va quérir, dans sa
promenade matinale, deux poulets nou-
veaux pour sa « table d'hôte ». — Heureux
homme !... — Il est vrai qu'en décembre,
lorsque ces grandes pentes, maintenant si
vertes, dorment sous leur manteau de neige,
les promenades sur cette belle route doivent
perdre de leur agrément,.. Mais alors une
bonne place chaude près de l'âtre, la flambée superbe et quelques pots vidés les consolent de la tempête et des rafales... Ne les
plaignons pas. Ils chantent souvent, ayant
plus le cœur à chanter que nous.

Au bout d'un kilomètre ou deux, les touristes, gens inquiets, chercheurs d'aventures, vont plus loin que le paisible montagnard : on se quitte, on se sert la main,
et les regards, se croisant une dernière fois,
se disent : « Pour toujours sans doute,
adieu ! » Devant la montagne, ces cinq
lettres forment un grand mot. En plaine,
ville ou village, on peut revenir. on peut
se revoir, mais quelle vraisemblance que
nous repassions jamais par Olette, près
Milias, près Prades !... — Hélas ! dans
notre mémoire, un voile efface déjà ce château de Nier et toute cette charmante
vallée...

Nous montons toujours. Nous monterons
jusqu'à Montlouis. Ce matin 1er août, la
plaine doit être en feu, mais, à 1,500 mètres,
il suffit d'un angle d'ombre sous un rocher
pour respirer avec délice. — Le soleil, par
contre, est écrasant. — Tout se compense.

— Ne regardez pas le ciel, mon ami,
s'écriait parfois le capitaine, il est bleu, il

est enflammé, c'est un ciel d'Egypte. —
Supportons-le. — La pluie n'irait plus à nos
visages bronzés, — et regardons plutôt ce
qui émerge des arbres, là-bas, au détour de
la route.....

Charmante idée d'avoir fait bâtir cette
grande maison blanche, dans le renfonce-
ment de la montagne plein de fraîcheur, —
mais aussi peut-être ruineuse idée... Qui
connaît Thuès? Qui vient à Thuès? Dieu le
sait. Le pauvre établissement reste vide et
morne, à faire pitié : pour tout bruit, le
craquement d'un pas sur le sable ou le
chant d'un oiseau. Le directeur, homme
d'une réelle distinction, et décoré, nous
donne des prospectus et des cartes, accom-
pagnés d'un mot sur les affaires qui vont fort
mal... — et nous regrettons presque d'avoir
de si bonnes jambes et un si bel estomac.

A Thuès, nous avons fait une petite halte
et nous avons rendu visite à l'instituteur;
un brave homme qui fut trop heureux de
faire prendre un peu l'air à ses bambins,

pour venir nous voir, nous causer, et échanger deux ou trois idées raisonnables avec des êtres un peu moins primitifs que ses concitoyens... Et lorsque nous sortîmes, tous les petits montagnards, rangés en deux lignes, nous tirèrent leur chapeau et leur révérence comme à des ministres en tournée...

On nous avait dit à Perpignan : « Surtout, quand vous atteindrez Thuès, ne manquez pas les gorges de Garança. » Mais comme on ne peut tout voir, nous les avions rayées de notre liste... Ce bon instituteur, avec son éloquence simple, nous décida...
— Or, il faut vous dire que ces gorges, à quelques lieues de Luchon ou de Cauterets, seraient tout aussi célèbres que Gavarnie...

C'est une petite rivière, ou plutôt un mince ruisseau, la Garança, qui coule avec un bruit monotone et harmonieux entre deux murailles colossales, de granit brun, d'où pendent de grosses larmes de stalactites, et qu'a évidemment séparées une Durandal énorme, du temps des paladins. On ne voit du ciel, à cent pieds plus haut, qu'une étroite bande d'azur, et l'on se sent petit, frêle et rampant, entre ces deux murs qui, d'un baiser, vous écraseraient... Ces impressions fortes peuvent faire du bien à l'homme, pour entamer un peu son fonds d'orgueil, ou pour lui inspirer quelque livre plein d'humilité sur la nature et sur Dieu, mais, pour d'autres esprits, le premier moment de surprise passé, elles perdent une partie de leur charme... Nous pouvions marcher une grande heure sans voir la fin des gorges de Garança : au bout de dix minutes, nous en sortîmes, comme délivrés d'une sorte d'étouffement.

Revenus au village, nous prenons congé de notre instituteur; mais non pas sans avoir visité l'école... Pardonnez-nous de vous parler si souvent d'instituteurs et d'écoles, mais sur la frontière, il n'y a pas de mal à ce que ces deux mots reviennent souvent aux lèvres... Si vous saviez avec quel étonnement, mêlé de tristesse, nous avons constaté que dans ces villages Pyrénéens, sur dix enfants, huit pour le moins parlent un mauvais catalan, ouvrant de grands yeux pour trois phrases qu'on dit dans leur langue... Après avoir juré d'écrire au ministre, nous avons épargné notre encre. Nous avons bien fait. On parle ici l'espagnol ou le catalan, comme on parlait sur la frontière d'Alsace tous les patois allemands... C'est notre infériorité, notre grand point faible... et nos ministres le savent et le déplorent. Que faire de plus ? — Mais ce maître d'école, nous faisant les honneurs de sa petite salle d'étude, bien « meublée » et très propre, nous semblait, avec sa pointe d'orgueil, un très brave soldat, tout aussi utile que les autres, et du moins ayant conscience d'un grand devoir bien rempli, dans son humble sphère.

C'est à Fonpedrouse que nous déjeunâmes... Au moins ne riez pas de ce nom, qui avec l'accent du pays est comme une

2

musique... Fonpedrouse ! — La meilleure
auberge du village donne sur une vallée
profonde, encore richement cultivée et dont
la robe de verdure semble atteindre les premiers pics plaqués d'argent... Pendant tout
le repas, nos yeux peuvent plonger dans ce
cirque de fleurs, et l'admiration rendant ex-
pansif, nous causons à notre hôte...

— Vous êtes bien heureux, mon ami,
d'habiter un si beau pays...

— Un beau pays qu'on voudrait bien
quitter...

— Oh ! c'est impossible !... Chaque matin
d'été, en ouvrant votre fenêtre devant ce
paysage, vous oubliez de partir...

— Si les paysages donnaient des écus !...
Mais on ne fait rien ici... C'est une mauvaise
terre... une mauvaise terre !...

Et il s'éloigne pour nous desservir, la
tête basse...

Ceci nous ramène à la réalité des choses...
Oui, nous arrivons à Fonpedrouse, en montagnards de Paris, bien lestés d'enthou-

siasme, et la moindre dentelure rose, se découpant à 3,000 mètres, nous rend lyriques...
Mais cet homme, lui, quittera demain ce Fonpedrouse qui nous transporte... A-t-il tort ? a-t-il raison ? S'il est intelligent, actif et travailleur, que ferait-il ici ? La ville l'attire — et toutes les villes regorgent... Problème tout aussi grave qu'insoluble.

A partir de Fonpedrouse, la pente devient presque raide et nous rappelle assez bien la belle route d'Andermatt et de la Furka... Seulement, en arrivant au glacier du Rhône, on respire devant les neiges éternelles, tandis qu'en atteignant Montlouis nous ne sommes qu'à 1,600 mètres. Pour une ville, cette situation n'en est pas moins fort élevée — et même la plus haute qu'il y ait en France.

Le soleil est descendu derrière un de ces sommets, étincelants comme une topaze énorme, que nous fixons depuis le matin, et qui, en plein midi, vous guident mieux qu'une étoile... Tous les tons sont adoucis... les crêtes des monts et leurs pentes et leurs

entailles se teignent de violet pâle et de rose
presque blanc... Il est à peine six heures,
et l'on dirait qu'une vapeur glacée tombe
sur les épaules, les enveloppe et les pénètre : nous pressons le pas, et nous serions
tout heureux de trouver un grand feu en
arrivant..,

Le premier hôtel de Montlouis est fort
convenable, mais on y gèle. Nous n'osions
demander une flambée de bois dans nos
cheminées, et nous sentions de petits fris-
sons nous secouer tout le corps. Le dîner
terminé, notre seule ressource fut de nous
couvrir comme des Lapons, et d'arpenter
plusieurs fois la grande rue montante où
flânaient quelques lignards rêveurs, comme
sur la place d'Armes de Versailles.

Cette garnison est d'ailleurs la seule raison d'être de cette petite ville, et de tout
temps Montlouis fut ce qu'il est aujourd'hui,
une place forte très importante. L'entrée
monumentale semble porter écrit le nom
de Vauban et c'est en effet Louis XIV qui

fit bâtir la citadelle en 1681 — Nous faisons
quelques pas en dehors des murs et ce silence de mort, qui règne toujours sur les
hauts plateaux, nous impressionne : il y
aura bientôt cent ans (en 93) que les échos
de ces gorges répondaient aux canonnades
de Puycerda et que tout ce pays était
en feu, défendu par le brave général Dago-
bert, dont on voit encore le monument sur
la petite place. — Montlouis s'appelait
alors Mont-libre...

Le propriétaire de notre hôtel, M. B....
conseiller général et maire de Montlouis,
est un fort galant homme, encore visible-
ment heureux de la victoire qu'il vient de
remporter sur des adversaires politiques
qui poussaient la bienveillance jusqu'à dé-
shonorer la vue de son hôtel. M. B... nous
explique comment il a tout remis dans
l'ordre par quelques bons arrêtés munici-
paux, et nous nous étonnons qu'on puisse
retrouver sur ces hauteurs toutes ces petites
querelles de clocher.

2.

CHAPITRE V

Départ de Montlouis. — Las Escaldas. — Arrivée à
Bourg-Madame. — Frontière d'Espagne. — Une
petite ville espagnole : Puycerda. — Causerie avec
des prisonniers. — Un beau verger. — L'homme
aux serpents bleus.

Nous eussions pu gagner Bourg-Madame
sans passer par Las Escaldas (eaux chaudes),
mais notre fantaisie nous y poussa. Las
Escaldas est un nom générique : tout établissement de bonne tenue s'appelle ici Las
Escaldas. Le nom sonne bien. Malheureusement les Escaldes pullulent, dans les Pyrénées plus qu'ailleurs, et la concurrence est
évidemment terrible.

— Dites-moi, mon ami, quel est ce village, à gauche, avec ce grand carré de pierre
blanche?...

— Mais c'est l'établissement thermal...
c'est Las Escaldas...

— Et cet autre, à droite, très propre
aussi ?...

— Las Escaldas, encore... Il y en a dix
dans le pays. On peut les visiter.

— Merci bien.

Le premier et le seul que nous avons vu
est une maison assez vaste, dans le genre
simple : petites baignoires, petites cabines,
petits salons, petit confortable. — Ce qui
manque le plus, ce sont les baigneurs, et
tous les las Escaldas doivent beaucoup souf-
frir depuis des années.

Après cette pointe poussée hors de notre
route, nous reprenons vite le chemin de
Bourg-Madame, frontière de France. Les
énormes pierres roulées au milieu desquelles
nous marchons doivent être des meules
amoncelées là depuis l'époque glaciaire, mais
nos connaissances en géologie sont d'une
faiblesse déplorable, et ces roches sphéri-
ques, polies comme du marbre, nous lancent

dans des dissertations infinies qui n'aboutissent à aucune conclusion très sérieuse.

Mais voici Bourg-Madame, et notre premier souci est de voir ce conducteur des
ponts et chaussées dont les lumières doivent
nous aider pour dresser notre « plan de campagne » en Andorre.

Les tables d'hôte sont une invention merveilleuse pour faciliter les rencontres. —
Tandis que nous déjeunions à l'auberge,
qui est de premier ordre (le déjeuner qu'on
nous servit put même nous donner quelque
idée de la gourmandise locale), notre capitaine, qui entame volontiers la conversation
partout où il est bien, entreprit son voisin
de table, lui fit confidence de nos projets,
de nos ambitions...

— Monsieur, nous allons en Andorre, à
pied...

— C'est, monsieur, un joli voyage —
que je voudrais bien faire...

— Il ne tient qu'à vous. Soyez des nôtres...

— Je le voudrais... mais retenu ici par

les exigences de mon poste... conducteur des ponts et chaussées...

— C'est précisément un conducteur que nous devons voir ici même, à Bourg-Madame... un nommé M. V....

— C'est moi-même, messieurs, tout à votre service...

— Trop heureux hasard! enchanté de faire votre connaissance...

Et les mains se serrent...

Notre nouvel ami est un homme tout rond, fort aimable, qui veut se faire notre guide, partout où il nous plaira, en France — et en Espagne. Il suffit en effet de franchir un petit pont pour se trouver sur le « sol ami » et pour atteindre en quelques minutes la petite ville forte de Puycerda.

Nous ne connaissons pas l'Espagne (nous saurons bien un jour ou l'autre découvrir dans les sierras quelques jolis sentiers), mais, par un grand bonheur, il n'est pas impossible qu'en sortant de ce grand village fortifié, l'on en sache beaucoup plus sur une

bourgade d'Estramadure qu'après avoir vu
Tolède et Madrid. Ruelles sombres, tor-
tueuses, cailloutées ; balcons avancés, pour
les sérénades ; larges auvents, masquant le
ciel, maisons peintes, brossées de jaune,
de vert, de bleu — comme celles qu'a
chantées Gautier — c'est déjà bien un peu
l'Espagne, et c'est tout Puycerda. La petite
ville semble aujourd'hui pauvre et triste :
elle eut pourtant quelques heures de gloire,
d'abord en 93, comme nous l'avons dit, puis
plus récemment, lors du mouvement car-
liste. Il faut se souvenir devant ces plaines,
où rien ne retentit, où rien ne bouge, que
nos pères y ont passé de chaudes journées,
et que si cette petite citadelle n'a pas eu son
siège de Troie, elle a soutenu au moins dix
bons assauts de 1700 à 1814 — ce qui est
honorable — d'autant plus qu'il en reste des
traces. M. V... nous fait passer en effet
devant certaines maisons qui furent les hé-
roïnes de ces grands jours, et qui con-
servent une petite mine farouche, toutes

criblées et constellées de points noirs qui
sont des trous de biscaïens espagnols ou
français.

Comme tout semble permis hors de chez
soi, nous prîmes une « anisette » chez une
manière de petit « troquet » que nos bons
compatriotes de Bourg-Madame doivent fré-
quenter sans trop de déplaisir... — et puis
nous visitâmes la ville plus en détail...

La description des édifices de Puycerda
doit être nécessairement brève : une vieille
église, fort vermoulue et fort basse, dont il
n'y aurait rien à dire sans un portail intérieur, en marbre rose, d'un travail assez fin
et de charmants effets de lumière tombant
d'un vitrail de la voûte comme des verres
d'un kaléidoscope — forme toute la Puycerda monumentale. — Mais nous n'avors
garde d'oublier la prison que les Espagnols
très chrétiens ont placée dans une autre
église, très ancienne aussi... C'est cette prison même qui nous réservait une petite scène
qui nous amusa.

— Voulez-vous dire bonjour aux prisonniers? nous demanda tout à coup M. V...

— Comment! aux prisonniers?

— Mais oui. Attendons quelques minutes
devant cette lucarne grillée... Ils ne tarde-
ront pas à paraître... Tenez, les voici.

Et trois bonnes figures de bandits très
doux se détachaient en effet de l'ombre de
la cellule : c'étaient nos hommes.

— Vous voilà donc au frais, camarades ?

— Comme vous voyez... — mais, même
à l'ombre, il fait chaud...

Et comme conclusion de ce préambule,
une petite bourse blanche descend lentement d'un trou du grillage, à hauteur de
notre main et de notre poche... Nous y glissons quelques sous et la petite bourse remonte...

— Voilà un peu de *vino* et de *dolcamente*.
Mais vous parlez donc le français, vous, le
grand, à droite?...

— Oui, quelques mots appris dans mes
« petites tournées » en France...

3

Celui qui nous parle est un solide gaillard,
aux yeux clairs, souriant dans de grosses
moustaches noires, parfaitement incultes...
Il a fait sans nul doute quelque très mauvais
coup, mais sa tête nous revient, et il n'écor-
che pas trop mal notre langue...

— Faites redescendre la « bursa... »

— La « bursa » redescend, et cette fois elle
remonte toute ventrue, presque lourde...

— Allons, camarades, bonne santé !...

— Bonne santé, señors, et grand merci !...

Ce petit incident n'avait rien de fort merveilleux, mais, comme il serait presque in-
croyable, partout ailleurs qu'en Espagne, il
avait du moins pour nous le mérite de
l'inédit... Nous en avons ri longtemps.

Avant de rentrer en France, il nous fallut
absolument visiter une des merveilles du
pays, un verger immense et vraiment splendide dont le propriétaire, plus pratique que
ce bon vieillard de Tarente à qui suffisaient
quelques fleurs pour égayer son petit jardin

de philosophe, cultive le poirier avec un art d'irrigation admirable. On nous a dit le nombre de duchesses, de doyennés, de beurrés d'amandis que donne chaque année ce jardin des Hespérides, mais il est si fantastique que vous ne le croiriez pas.

Le soir, dans la salle basse de l'auberge, on reparle de l'Andorre, avec tout le sérieux possible cette fois. Nous avons pour voisin de table un homme entendu, assez savant, convaincu de l'être, qui a voyagé et même a fait de ces tours en montagne que nous ne ferons jamais... Avec un geste bref et des chapelets de mots courts et sifflants, il nous conte ses promenades de vingt lieues du crépuscule à l'aube, « sans lanterne », et ses belles nuits sous la tente, à 3,000 mètres, et « ses chasses aux serpents bleus », sans manger ni boire, — pendant trois jours... Ce brave homme nous croit évidemment de Nîmes ou de Carcassonne, mais nous le laissons dire, et il nous promène, dans des courses insensées, sur la carte d'état-major

qu'il semble bien posséder. Selon lui, ce
qui nous manquera surtout, c'est le temps,
et nous regagnons nos chambres, parfaitement découragés...

Et pour ne pas dormir sur cette impression
fâcheuse, nous ouvrons, avant de souffler
nos bougies, deux numéros du Tour du
monde, qu'on nous a donnés à Prades et
qui contiennent précisément un récit de
M. G. Vuillier sur l'Andorre...

— Hé! compagnon, fait soudain le capitaine, que pourtant le sommeil gagne, une
fois en Andorre, il faudra bien tenir nos
langues... Un M. Vidal, de Perpignan, qui
connaît parfaitement les vallées, disait à
M. Vuillier : « Evitez de parler politique et
de vous mêler des affaires de ce pays... »
Diable ! pour des républicains et des Français... fils de Figaro !...

— Ah ! ce que je lis là est mieux, reprend le lieutenant... Une histoire de revolver de fort calibre et de couteau catalan,
« à lame énorme »...

— Qu'en dites-vous, lieutenant ?...

— Je dis, capitaine, que ce Val d'Andorre m'a bien l'air ce soir d'un rêve qui s'envole, — et que le mieux présentement est de dormir.

Nous étions d'ailleurs absolument décidés à pousser jusqu'à Porté, village situé au pied du Puymorens, et à prendre là, soit le chemin de l'Hospitalet, sans sortir de France, soit la route d'Andorre, par le port de Soldeu... M. V... devait nous accompagner jusqu'à Porté, pour faire sa tournée d'inspection, et nous conservions l'espoir de l'entraîner avec nous jusque dans le Val, un excellent interprète devant nous être fort précieux au milieu de ces Catalans...

CHAPITRE VI

Départ pour l'Andorre. — Porté. — Notre guide. —
Le port de Soldeu. — Entrée dans le Val. — Arrivée
à Soldeu.

A l'aube, nous partons pour Porté. De
Bourg-Madame au Puymorens, il faut compter une vingtaine de kilomètres, mais quand
on part au petit jour, ce n'est qu'une jolie
promenade avant le déjeuner... — Dire
pourtant qu'on retrouve ici les charmantes
gorges des environs d'Olette, serait mentir : tout le paysage est froid et nu, et la
montagne qui s'élève à pic des deux côtés
de la route, semble couverte de grandes
plaies rougeâtres, séchées par le dur vent
d'est. — Mais c'est en hiver qu'il faut voir
ces gorges, nous dit M. V... (car nous som-

mes maintenant trois sur la même route, et cela nous semble étrange). Au cœur de décembre. la neige monte jusqu'aux traits noirs que vous voyez sur ces poteaux (2^m) et, sous cet immense suaire qui les recouvre les habitants, dont la misère est naturellement profonde, restent parfois une semaine sans voir le facteur, ce qui est le plus grand signe que la tourmente est rude... Mais ce sont alors les beaux jours de nos cantonniers qui ne peuvent sortir et se chauffent doucement dans leur cabane... »

Près du Saux de Carol, le paysage devient très beau, sans changer d'aspect. Un site, pour être admirable, demande une composition aussi savante qu'une belle toile, surtout l'harmonie parfaite des lignes et des couleurs... Et c'est ainsi que les grandes pentes pelées et grises de ces montagnes qui tout à l'heure attristaient l'œil, forment ici un cadre merveilleux pour ces tours de Carol, toutes rongées et toutes léprées — triste ruine d'un vieux manoir qui vit sans doute quelque rude mêlée de Maures et de paladins.

De Carol, en suivant toujours la Sègre, gros ruisseau qui bondit sur de grandes roches plates et veut mugir comme un torrent, nous traversons le pauvre village de Porta, et nous arrivons à Porté... Tous deux sont bien en effet à la porte de France, et ces villages de la frontière, surtout en montagne, causent toujours une impression de tristesse, d'accablement... Ils sont si loin, et si loin de tout, ces pauvres bourgs !... On se demande s'ils ont pu entendre même un faible écho de tout ce qui a remué la France depuis cent ans, s'ils ont vaguement senti ce qu'elle a fait ou voulu faire pour eux et si les enfants ont plus de joie au cœur que les pères n'en avaient il y a deux siècles... Ah ! que de fois en entrant dans une chaumière de ces hameaux perdus, n'avons-nous pas relu en pensée la belle page de La Bruyère : « L'on voit de certains animaux, des mâles et des femelles, qui se

3.

retirent la nuit dans des tanières, où ils vi-
vent de pain, d'eau et de racines... »

Lorsque nous arrivons, un vent très vif
nous caresse rudement le visage, le ciel est
bas, d'un gris d'ardoise, et l'énorme Carlitte,
tout enveloppé d'une brume noire, ressemble
bien à ces géants dont on ne peut soutenir
longtemps le mauvais regard... Or, c'est de
Porté que nos deux routes rayonnent, l'une
vers l'Hospitalet, l'autre vers l'Andorre, et
ces quelques « tanières », dans ce fond de
vallée triste et sombre, nous semblent la
fin d'un monde que nous allons quitter...

Sur la façade lézardée de l'auberge Bar-
nole — célèbre pour tous les touristes ou
aventuriers qui pénètrent jusqu'ici — nous
lisons trois mots latins, vraiment faits pour
donner du cœur aux moins braves :

« *Aspice, et vade !* »

« Regarde, et va-t'en ! — ou passe au
large !... » Mais nous devons nous hâter de
dire que jamais inscription (celle-ci cache
peut-être une vieille légende) ne fut plus

impertinente et plus menteuse... Les deux braves femmes qui nous accueillent ont ce doux et bon sourire qui chasse la crainte, dit le poète, et, ranimant leurs feux éteints, nous servent un petit déjeuner des plus réussis.

Au café, les « pourparlers » commencent avec les guides qui se présentent en file, et nous sommes alors forcés de constater que le paysan, même au pied du Puymorens, reste le paysan... Sans porter la veste courte ni brandir le petit fouet des guides fringants de Luchon et de Cauterets, ces bonnes gens de Porté affichent des prétentions étonnantes : ils nous voient respirant déjà le thym fleuri et la rose sauvage des gorges d'Andorre, et leurs prix s'enflent à mesure que nos désirs s'allument... Pourtant, que demandons-nous ? Deux bonnes jambes pour nous frayer le chemin, et le moindre mulet ou bidet de Catalogne pour porter les sacs et les vivres, nos corps restant, par convention, à la charge de nos flexibles jarrets...

Au bout d'une heure de conférences, rien
n'aboutit, c'est une déroute, et tandis que
le capitaine est sorti pour s'enquérir encore,
le lieutenant, très vexé, mais parfaitement
d'avis qu'il faut tenir bon, remet déjà ses
guêtres et tout son harnois, lorsqu'il entend
des cris retentir dans la cour, cris de joie et
cris de triomphe... C'est que tout vient de
changer de face... L'homme est trouvé, le
cheval aussi — un bel alezan, — qui a servi
dans l'armée française, — piaffant et hennis-
sant de plaisir... — et enfin M. V..., M. V...
lui-même, s'est laissé gagner par cet en-
thousiasme et nous accompagne en qua-
lité de grand truchement de la caravane !...

En deux temps les guêtres sont bouclées,
les sacs soulevés, ficelés sur le haut bât de
la bonne monture, et à deux heures pré-
cises, nous gravissons, pliés en deux, le sentier de chèvre du Puymorens...

Vraiment la jeunesse est une belle chose,
— mais très imprévoyante aussi... — Dans la
précipitation de ce départ, nous n'avons

emporté, pour toute subsistance, comme le
père de notre grand poète,

Qu'une gourde de rhum pendue à notre selle...

Maigre ressource, si le brouillard nous sur-
prend là-haut ou si notre guide nous perd en
route — deux accidents toujours à craindre.
— Mais cette pensée nous touche peu,
et nous songeons plutôt à admirer notre
intrépide cheval — humble héros réduit
maintenant à porter des charges de mulet —
et grimpant avec une étonnante légèreté sur
ces cailloux pointus et lisses qui feraient
peur à des izards... Le capitaine est à son
rang, en tête de colonne : il marche sans
broncher, le front haut, et l'on dirait de
loin qu'il murmure à chaque pas : « *Sursum!*
Sursum corda! » Sa belle tenue d'explora-
teur est fort remarquée...

Après trois quarts d'heure d'une rude
ascension sur ce mauvais sentier, que depuis
longtemps on n'entretient plus, mais qui

épargne toujours les interminables lacets que
dessine plus haut la route nationale, nous
retrouvons la grande voie des diligences,
qui nous mènerait droit à l'Hospitalet, si
nous n'obliquions bientôt vers les montagnes d'Andorre.

Le Puymorens est le royaume des brouil-
lards, et l'on y oublie bien vite le radieux
mois d'août et les myrtes en fleurs...
Aussi loin que porte le regard, ce ne sont
qu'immenses pentes de gazon d'un vert pâle
que broutent, en agitant leurs clochettes de
cuivre, de grands troupeaux de cavales...
Lorsque nous approchons, leurs oreilles se
dressent, leurs grands yeux apeurés nous
fixent une seconde, puis toute la bande
s'enfuit le long des grandes côtes nues, et
se perd dans la brume... Une ou deux,
— tendres et courageuses mères, — restent
à la bonne place, leurs petits suspendus aux
mamelles, et d'une ligne ne reculent pas...
Les autres préfèrent brouter là-haut l'herbe
humide et plus rare... — Pauvres bêtes, que

nous sommes venus troubler jusque dans leur paix solitaire !...

Bientôt les nuages qui nous enveloppaient, crèvent, se fondent, et la pluie commence, fine et serrée... Et sur le Puymorens, comme vous le pensez, il faut, pour s'abriter, ne compter que sur ses propres ressources.

— Hé, guide !...

— ???

— Arrêtez votre cheval !...

— ???

— Mais arrêtez-le !... Nos caoutchoucs seront aussi bien sur notre dos que sur la croupe de votre excellente bête... Stop ! stop !...

Le train des équipages s'arrête enfin, mais nous sommes trempés... Fort heureusement, une grotte de berger se trouve là pour recueillir les naufragés, et, au bout de quelques minutes, ils ressortent tous, en tenue de campagne — capote et capuchon baissé jusqu'aux yeux... — La pluie peut maintenant tomber. Elle redouble...

Quelque cent mètres plus loin, nous découvrons la vallée de l'Ariège. C'est un spectacle unique : à droite, dans le fond de la gorge, et plus bas dans un éloignement qui semble de mille lieues, — se distingue le petit village de l'Hospitalet auquel aboutissent les longs zigzags de la grande route que nous allons quitter... Chacun de nous sent bien que si une tourmente de neige nous surprenait ici, les habitants de ces minuscules maisons verraient peut-être deux ou trois petites ombres se débattre dans la rafale, puis rouler... — mais n'entendraient jamais leurs cris : et le tableau est si imposant, il est si grand et si terrible qu'on oublie de songer qu'il est admirable. — Océan immense dont chaque vague est une longue chaîne de pics et de glaciers, d'une blancheur qui aveugle !... Grandiose et fantastique décor, fait pour une nuit de Walpurgis !... — Non, la Grèce n'a pas vu seule des luttes de dieux et de géants, comme celles que ses fils chantèrent, et nous

avons pensé aux prodigieuses batailles qui
durent se livrer jadis, autour de cette petite
fontaine de l'Ariège, — batailles où les cata-
pultes lancèrent ces énormes rocs, à figures
d'homme, où les balistes jonchèrent la plaine
de ce chaos de cimes, plus hautes que le
Pélion et que l'Ossa !...

Notre guide, en inclinant brusquement
vers la gauche, nous tire de notre rêverie :
Voilà donc le chemin de l'Andorre, un sentier vague, ou plutôt parfaitement invisible, et
qu'il nous faut tracer nous-mêmes, — où chaque pas est arrêté, soit par un petit torrent,
soit par un lac de boue que nous franchissons
par des prodiges d'équilibre instable sur
d'étroites pierres moussues et glissantes...

Le but de notre guide est évidemment de
nous mener vers la source de l'Ariège qui
mugit dans le fond de la vallée, et cette descente est vraiment pénible, car nos yeux sont
éblouis par ce cirque colossal de neige vierge,
et le brouillard très dense nous pénètre et
nous glace... Enfin le grondement se rap-

proche : nous voici sur la rive d'un fleuve, sans barque ni passeur...

Bien heureusement, toutes les rivières de France ne sont à leur source que d'humbles ruisseaux, car le pont de l'Ariège, en cet endroit, repose sur des assises de roches rondes et branlantes, où très évidemment l'art de l'ingénieur n'est entré pour rien... Or, dans tous ces passages de fleuves ou de torrents, c'est le lieutenant qui se montre le plus faible... et l'on dirait qu'une étrange fatalité le poursuit : ou bien une roche trébuche sous son pied, qui a tenu bon sous celui des autres, ou bien son corps trop long et trop fluet garde un équilibre moins ferme sur les fines arêtes de ces pierres, roulées et lavées par l'eau qui bouillonne...

— Eh ! bien, notre ami, lui crie le capitaine, qui est déjà loin, cela va ?...

— Non, je suis transpercé, je ruisselle, c'est intolérable... Bon ! encore un bain... c'est le dixième !

Et la petite troupe part d'un rire général,

en se retournant vers le malheureux qui vient encore « d'embarquer », comme disent les marins.

Après cette traversée épique de l'Ariège, la montée commence, lente et dure : le brouillard, de plus en plus épais, nous oppresse, nous suffoque, et le capitaine lui-même ne chante plus. Notre guide a une grande blouse de toile bleue qui flotte au vent... C'est notre drapeau... — et quand nous le perdons de vue, nous retrouvons à peine assez de souffle pour le héler et le prier de modérer son allure... Jamais nous ne conseillerons à notre plus mortel ennemi, s'il est asthmatique, l'ascension du port de Soldeu...

Cette brume pourtant avait encore sa beauté, quand elle s'éclaircissait jusqu'à devenir transparente, comme un voile de mousseline bleue, et se déchirait pour nous laisser contempler, pendant quelques secondes, toute la blanche vallée se déroulant sous nos pieds... Ce fut après une de ces éclaircies, toujours saluées d'un cri d'admiration, que nous reçûmes d'en haut ce qui jusque-là nous manquait encore... la neige, manne céleste — qui s'abattit sur nos têtes, en si violentes rafales, qu'il nous fallut faire de rudes efforts pour ne pas tournoyer comme elle... Voilà qui était complet : pluie, neige et brouillard. Le ciel n'avait plus que le tonnerre en réserve : il fallait bien qu'il se lassât. En attendant, il parut vouloir s'adoucir un peu, en nous faisant entendre comme une vague musique, triste et monotone... la douce sonnerie d'un troupeau qui paissait sans doute, à quelques pas de nous, dans les nuages... Oh ! oui, comme elles sont tristes ces clochettes invisibles, comme ils fendent l'âme ces bêlements d'agneaux qui, dans la tempête, se pressent et se serrent en un petit tas mouvant de toisons grises...

Et nous pressons le pas pour voir le troupeau et parler au berger — peut-être le premier berger d'Andorre ! — lorsque notre guide se retourne et nous crie, dans son dialecte : « Voici le port ! Voici le port !... » — Vraiment il est touchant qu'en mer comme en montagne ce soit le même mot qui annonce la fin des traversées mauvaises. — Alors le capitaine étend les bras et s'écrie : « Messieurs, le val d'Andorre est à nos pieds, saluons ! » Les pyrénéstocks se lèvent et des chants retentissent... — Mais notre guide qui, lui, ne chante pas (pourquoi ?... c'est encore un mystère) nous fait remarquer qu'il est déjà six heures, et nous entraîne sur la pente très rapide de l'autre versant... — Ah ! la belle descente, et celle-là vraiment gaie et vertigineuse... Il nous semble que chacune de nos foulées énormes nous rapproche d'une terre promise... Soudain, le guide et son cheval s'arrêtent, et tous, comme par contre-coup, nous restons plantés sur nos jambes...

— Eh ! bien l'ami, qu'y a-t-il ?

— Mortedious !... Ce n'est pas la route !...

— Ce n'est pas la route ?...

— Non.

— Alors, vous êtes égaré ?...

— Oui.

— Et il faut remonter ...

— Oui.

— ... Toute cette grande côte ?...

— Oui.

— Vingt mille millions de tonnerres du ciel !...

Nous n'avons jamais su qui de nous a pu lancer une imprécation aussi formidable, mais ce qui ne pourra sortir de notre mémoire, dussions-nous vivre cent ans, c'est l'homme à la grande blouse que la bise gonflait comme un ballon, remontant vers nous, la tête basse sous l'avalanche qu'il sentait venir, et son cheval derrière, triste comme lui, l'un tirant l'autre... et, quand il fut à deux pas de nous, essuyant, avec son admirable flegme de paysan et de montagnard, toute une bordée de malédictions et d'injures...

Ah ! c'est que, voyez-vous, quand on

vient de marcher trois grandes heures en
montagne, qu'on atteint le sommet et qu'on
a le droit de dire, comme Auguste, que

Monté sur le faîte on aspire à descendre,

rien n'est plus dur, ni même plus démora-
lisant, que de refaire l'ascension d'une pente
de deux kilomètres, descendue en pure
perte...

Et puis, que faire? Le guide ne compte
plus, on le prie de se taire. Il ne faut désor-
mais espérer qu'en soi-même pour retrouver le sentier perdu — ou pour se
perdre irrémédiablement.

Passerions-nous ou ne passerions-nous
pas cette belle nuit d'été sur les lits de neige
que nous offrait le Fra-miquel ? *That was
the question.* — Notre pauvre guide n'en-
tendait pas la langue de Shakespeare, mais
il sentait fort bien que, le soleil baissant
déjà derrière les monts, la situation devenait critique..... Ses yeux interrogeaient,
fouillaient l'horizon.....

— Ah ! cette fois, dit-il, messieurs, je vous certifie, je vous jure !... J'ai retrouvé la route, je la vois... Vous pouvez me suivre...

Et nous ne le suivons pas... Il a beau nous presser, nous expliquer, nous montrer les sentes... Nous doutons toujours et n'entendons plus rien... Et la figure du pauvre homme, qui ne peut regagner la confiance perdue, est triste à faire pitié... — Pourtant il a retrouvé sa route, il voit clair maintenant... — Mais, dans les petites choses comme dans les grandes, quand le crédit s'en va, c'est bien fini : on peut lui dire pour toujours adieu.

En attendant, chacun interroge du regard les quatre points cardinaux — et ne voit rien... lorsque cette même sonnerie de troupeau vient frapper notre oreille !... Ah ! voilà notre salut peut-être... Nous marchons dans la direction des clochettes, et c'est le chévrier d'Halévy qui nous apparaît en personne...

Ces vieux pâtres ont résisté à cinq mille ans de fables et de légendes, ils sont vrai-

ment beaux et vénérables, et jamais on ne
les aborde qu'avec une sorte de respect dont
on ne se rend pas compte. C'est que, pour
nous, ces sincères anachorètes de la montagne sont bien des êtres à part, des mystérieux, dont la vie nous échappera toujours
— et nous les révérons parce qu'ils nous
dépassent...

Le vieil Andorran promène sur toute la
troupe ses petits yeux, brillant dans sa face
velue, et se retranche d'abord dans une
réserve extrême, balbutiant quelques mono-
syllabes presque inintelligibles..... mais une
douce cigarette française, offerte, puis ac-
ceptée, facilite l'entretien, rend les expli-
cations claires et détaillées, et nous prenons
enfin le bon chemin, libres de toute crainte,
tandis que notre guide hoche la tête, et
semble nous dire, avec un reproche : « Vous
le voyez bien, que je ne me trompais
plus !... »

Lorsque aujourd'hui encore nous voulons
parler d'une route ou d'un sentier défoncé

4

par les pluies, coupé de fondrières, empierré
à la grâce de Dieu, nous disons : « C'est un
chemin d'Andorre. » Rien en effet ne sau-
rait donner une idée de ce qu'on appelle une
« voie de communication » dans ce pays,
c'est-à-dire une suite effroyable de rocs et
de ravines qui semblent disposés avec un
art habile pour estropier les piétons, tordre
les jambes aux mulets, et qui seraient d'un
merveilleux effet pour arrêter toute une
cavalerie ennemie... Notre cheval pourtant
fléchissait, chancelait et tenait bon, comme
par miracle, et nous-mêmes cherchons encore
à nous expliquer comment nous pûmes
sortir de tant de trébuchements et de demi-
chutes...

Mais, tout en opérant cette difficile descente, nous avions quitté la neige, les brouil-
lards, les cimes désolées... Toute la vallée
d'Andorre s'ouvrait devant nous dans sa
riante verdure d'été... Et si le soleil avait
voulu percer les nuages encore amoncelés,
quel splendide paysage !...

— Parais, soleil ! nous écriâmes-nous, en entonnant un chœur, éclaire ces monts ! illumine cette vallée et ces neiges nouvelles !...

Et quelques secondes après une flèche d'or s'élançait du ciel, puis un ruissellement de feux... Le soleil lui-même maintenant nous obéissait !...

Vraiment les sceptiques sont des êtres à plaindre : ils eussent ri d'un prodige qui très sincèrement, nous parut divin, mais aussi n'auraient-ils pas senti toute la beauté tendre que ce bon astre donnait à la nature, paraissant s'abaisser avec une tristesse et un regret, jetant quelques rayons pâlis sur ces pics de diamant, et les caressant une dernière fois de sa lumière blonde — ainsi que cette petite caravane qui le contemplait et qui l'adorait... — Instants uniques où l'homme s'écrie sans être jamais entendu : « O temps !... Temps inexorable, pendant une seconde, arrête-toi !... »

Hélas ! il s'arrêtait si peu que nous dûmes bientôt reprendre notre course, car Soldeu était loin encore et chacun de nous commençait à montrer aux dents

L'insatiable faim qu'il avait au dedans...

A mesure que nous avancions, le chemin devenait plus impraticable, et le lieutenant, maintenant aidé par la nuit et sa mauvaise vue, continuait à tremper jusqu'au dernier bouton de ses guêtres... — Personne ne riait plus.

Lorsqu'on a marché tout un jour, et qu'on n'a rencontré qu'un vieux pâtre, c'est une forte joie que de voir se dessiner au loin quelques formes humaines..., et les premiers Andorrans qui nous croisèrent, montés sur leurs mules, suffirent à réveiller le courage et l'entrain. Pourtant il y avait comme une ombre de méfiance dans ces regards qui se détournaient, pour nous suivre plus longtemps, et les mots murmurés au passage avaient pour nos interprètes un sens fort problématique... Toutefois, attendons pour les juger : ils restent quelque temps farouches, on nous l'a dit, mais ils seront hospitaliers. — Et puis, pourquoi nous souriraient-ils?... Parfois, à un détour du sentier, nous nous trouvions face à face avec un vieux montagnard, assis sur une pierre du chemin, mélancolique et rêveur.... Ses yeux se levaient lentement et semblaient nous dire : « Qui êtes-vous?... Que venez-vous faire dans nos vallées ?... Pourquoi ce cheval et ces bagages?... » — Et nous passions toujours en nous découvrant, comme des visiteurs saluent, avec un sentiment de crainte, le maître d'un domaine dont ils ont franchi les murs...

Il est plus de huit heures, et maintenant c'est presque la nuit noire, la nuit terrible dans ces étroits vallons, où la lune glisse à peine un lueur furtive... La haute muraille des monts a perdu les derniers tons violets que lui laissait encore le crépuscule, et nous marchons, un peu accablés par cette ceinture sombre de cimes, dont les lignes se brouillent et se confondent dans le ciel...

4.

Au bout de combien de temps atteindrons-
nous Soldeu ?... Tout petit berger qui passe
est arrêté, interrogé, mais les réponses
s'accordent mal : celui-ci parle d'une heure,
celui-là de vingt petites minutes, un autre
du quintuple — et nous allons toujours, en
file, à l'aventure, parfaitement silencieux,
avec cette incertitude qui, dans les ténèbres,
est un vrai supplice... De plus, le sentier
est devenu un torrent continu, coupé, tous
les cinq pas, de petites îles rochéuses,
« escarpées et sans bords » — et nous sentons clairement enfin qu'il ne faudra pas
une heure à ce ruisseau pour nous faire
échouer contre un de ses récifs..., lorsque le
guide, qui marche assez loin en avant,
signale quatre maisons noires, sur le bord
du chemin, une chose vague, lugubre...

C'était Soldeu. Neuf heures allaient sonner. Nous étions rendus...

CHAPITRE VII

Une soirée et une nuit dans l'auberge Calveau à Soldeu.

Dire pourtant que nous avons soupiré d'aise en entrant dans ce triste et misérable hameau, et que nous avons frissonné de plaisir en franchissant le seuil de maître Calveau, aubergiste!... Voilà ce que peuvent faire le froid, l'épuisement et la faim.

A peine entrés, nous eûmes la sensation d'être chez des hommes d'un autre âge, que cette apparition, ou mieux cette irruption brusque de trois étrangers surprenait et même glaçait un peu... Mais ils nous reçurent, disons-le, avec une sorte de gravité respectueuse, et, comme la France est l'amie de l'Andorre, et que son viguier avait écrit qu'on nous fît place à tous les foyers, on

nous répondit bientôt en nous faisant fête;
on poussa les bancs de bois devant l'âtre,
et nous formâmes un grand cercle autour
du feu grésillant, qui éclairait toute la cheminée haute...

Cette scène, d'une simplicité primitive,
n'était pas sans grandeur : une salle étroite,
pourtant, absolument nue et misérable, mais
par instants violemment éclairée par une
branche de pin, pétillant dans un panier
de fer, et qui faisait danser sur la muraille
de grandes ombres fantastiques, évanouies
au bout d'une seconde dans un clair-obscur,
digne de tenter Gérard Dow, même après
son *École du soir*... Au milieu de ces ombres,
se profilait toujours la noire baratine (sorte
de faux bonnet phrygien) du plus vieux de
nos hôtes, de l'ancêtre sans doute, et la
flamme en vacillant grandissait, allongeait
la tête et la coiffure — démesurément. Admirable d'ailleurs, ce type d'Andorran, promenant sur nous des regards lents et graves :
quatre-vingt-dix ou cent ans peut-être, mais

une taille d'Hercule, bien droite encore, la peau plus hâlée que ridée, les yeux clairs, enfin, majestueux comme un chêne....
— Les fils paraissent de beaux hommes aussi, taillés à coups de serpe, mais le vieux les domine encore... Et, depuis plusieurs siècles, ce sont les Calveau qui tiennent l'auberge de Soldeu, et c'est un bail signé sans doute pour l'éternité.

Nous faisons causer ces braves gens de ce qui doit être naturellement pour eux le plus beau sujet du monde, de ces vieux parchemins qui remontent, dit-on, à Charlemagne ou tout au moins à Louis le Débonnaire, et qui reposent à Andorre-la-Vieille, dans le Palais del Vals, entre les quatre planches d'un vieux coffre de bois, tout rongé par le temps, et très vénérable. Malheureusement, les Andorrans montrent peu volontiers ces parchemins de dix siècles, comme les Turcs leurs mystérieux trésors, et ils n'en affirment qu'avec plus de force que la liberté fut donnée au Val par le vieil empereur dont la rude main pourtant devait tenir avec moins de grâce la plume que l'épée. Le patriarche des Calveau entre pour nous dans des développements qu'il débite d'une voix lente et mesurée, mais que nos guides peuvent seuls comprendre, — et pourtant nous écoutons... la tête penchée, les yeux fixes, jouissant, comme des dilettantes, du tableau pittoresque que nous devons former... — lorsque l'hôtesse, en annonçant le souper, vient déchirer brusquement cette page d'Homère...

À la table où nous étions servis, une douzaine de bergers qui avaient la mine de fort beaux brigands, plongeaient leurs cuillers d'étain dans une jatte énorme, pleine, à déborder, d'une soupe verdâtre, d'où s'échappait un vague parfum d'huile qui saisissait l'odorat, en l'impressionnant... ; mais nous étions affamés comme des montagnards, et la vue de cette matière indéfinissable, et bien capable de soulever le cœur le plus solide, nous charma et nous fit envie !... — C'est là pourtant, avec une écuellée de vin, tout le souper de ces hommes... ils dormiront, et l'aube les verra partir, en chantant, pour toute une rude journée sur les hautes pentes... — Jeunes et simples mœurs qui nous confondent toujours, vieux civilisés...

Avant de passer à table, nous entrâmes dans nos chambres... Vous saurez deviner sans peine quelles chambres pouvait offrir une auberge comme celle de Soldeu, le plus pauvre hameau d'Andorre... Mais ce que vous n'imaginerez jamais parfaitement, ce sont ces lits, presque aussi élastiques que des planches de chêne, et dont les sommiers de paille sèche et de foin coupé, — ou de copeaux tassés, — répondaient par un petit bruit sec au moindre effleurement... Mais toutes les surprises, tous les incidents étaient inscrits au programme, et la consigne était d'en rire... Nous nous mîmes à table de joyeuse humeur.

L'effrayante marmite avait disparu, rem-

placée par un potage fumant, mais hélas !
ce second mélange était frère de l'autre,
l'on ne pouvait s'y tromper à cette épouvantable saveur, plus fade encore que re-
poussante, de celles qui font vraiment que
les cheveux se dressent tout droits sur la
tête... Le capitaine, avec un courage simplement héroïque, et touché de l'empresse-
ment de ces braves cœurs qui ne pouvaient
mieux faire, mangea sans défaillir, en en-
courageant du regard son voisin le lieutenant qui, lui, enfonçait sa cuiller, la levait,
la portait à ses lèvres, et ne pouvait pas,...
ne pouvait pas la vider !... Ni la crainte de
blesser ces bonnes gens qui nous regar-
daient, ni les déchirements d'estomac les
plus douloureux ne furent capables de
vaincre son insurmontable dégoût, et, re-
nonçant à la lutte, le malheureux allait se
lever... lorsque la plus petite fille de la
maison, dont ce trait révélait une vraie
délicatesse d'âme, se glissa derrière lui,
enleva vivement l'assiette, et le sauva !

Des œufs durs, un saucisson blême, remontant peut-être au temps de Charles le
Grand, comme les parchemins, le tout arrosé
d'un petit vin aigrelet, gardant le parfum
suave d'une outre en peau de chèvre — tel
fut ce souper — fait après cinquante kilomètres, — dont plus de vingt en montagne
— et dont le souvenir restera pour nous
tous, sinon délicieux, du moins ineffaçable.

A peine chacun est-il dans sa chambre,
et ses verrous poussés, que M. V... accourt
et nous appelle... Il vient de découvrir, au
pied de son lit, deux barres énormes qui,
sans qu'on en puisse douter, sont de vieux
tormenta ou instruments de supplice...
Tout ce qu'on nous a dit à Perpignan et à
Prades se réaliserait donc?... Nous manions,
nous pesons ces deux massues de fer... Elles
assommeraient un bœuf. Alors M. V...
s'agite, demande le patron, et maître Calveau arrive. Il sourit d'abord, d'un air fin.
— « Ces barres, mes bons messieurs, mais
ce sont des barres ! et rien de plus... N'ayez

5

crainte... — Quant à cette chambre, vous y dormirez bien, c'est la plus tranquille... C'est même celle où couche M. le curé quand il vient dire des messes à Soldeu... Ainsi rassurez-vous et prenèz du repos... » Et le bonhomme s'éloigne, souriant toujours. — Après cette petite scène, chacun rentra chez soi, et bientôt toute l'auberge Calveau devint silencieuse et dormit.

Si vous vous attendez à une réédition de la jolie anecdote contée par Louis Courrier, vous serez déçus... Hélas ! les aubergistes de Soldeu n'étaient en état de découper aucun chapon, et l'on ne voyait pendre de jambons fumés à aucune solive de la salle... Lorsque l'aube blanchit les pics neigeux qui se dressaient devant nos fenêtres, nous nous réveillâmès, presque reposés, et trouvâmes dans la salle d'entrée notre brave guide, depuis longtemps levé, et fourbissant avec ardeur nos guêtres et nos chausses, pour racheter évidemment par une grande somme de zèle ses *errores* de la veille...

Le thermomètre était fort bas à cette heure
matinale, et nous nous approchions du feu
en grelottant, lorsque chacun recula épou-
vanté : la soupe, l'épouvantable soupe de
la veille était encore là, dans sa grande marmite, chantant doucement sur le brasier...
Par bonheur, la plupart de nos hôtes semblaient dormir encore, rien ne bougeait ; et
nous pûmes, sans être vus, tailler notre
déjeuner dans la grosse miche de pain noir
laissée sur la table... Et c'est ainsi lestés,
que nous partîmes pour Andorre-la-Vieille,
où nous voulions entrer, avant le soir,
pour nous mêler peut-être aux dernières
danses de la fête patronale...

CHAPITRE VIII

Quelle charmante aurore et quel beau temps clair!... Ah! chers amis, ce départ fut délicieux... La vallée semblait avoir mis ce matin-là pour nous recevoir une robe toute neuve de verdure tendre aux mille nuances fines, adorablement fondues... — toujours étroite comme une grande allée, mais ayant en bordure la montagne éternelle au lieu d'arbres séculaires... Parfois, à cinq cents mètres, elle semblait s'interrompre, se fermer brusquement... — et se rouvrait toujours pour nous ménager sans

cesse de nouvelles surprises de lignes et de
couleurs. Le chemin, bien meilleur depuis
Soldeu, suivait dans tous ses caprices la
blanche Valira, d'inégale humeur, ici torrent
furieux, répandant au loin sa chevelure d'é-
cume, là, joli ruisseau vert et limpide qui
nous suit ou nous devance doucement,
comme une amie. Au flanc de la montagne,
étoilée de touffes de bruyère rose, pendaient
ainsi que d'épais flocons de laine blanche et
noire, des troupeaux paissants, et nous
songions encore à ce vieux berger, resté là-
haut, dans la brume du Fra-Miquel... —
D'ailleurs ce n'est plus maintenant la solitude absolue, et nous croisons même autant
d'indigènes qu'il nous en faut, tous perchés
haut sur leurs mulets bien portants, et parés,
festonnés comme pour une cavalcade... Ces
sauvages sont au moins polis, ils baissent
la tête en passant et sourient...; — bientôt
nous les aimerons, — et pour relever
notre prestige à leurs yeux, nous usons à
tour de rôle de notre monture qui vaut bien

une mule... La bonne bête, sous l'énorme
charge des bagages — et de son cavalier
— hennit, bondit, relève la tête, comme
fière de voir cesser une trop longue dé-
chéance... Mais hélas ! ces tressauts d'orgueil
et de joie eurent vite leur danger et notre
capitaine vit même l'instant précis où il
plongeait dans l'abîme que dominait l'étroit
sentier... — C'eût été vraiment la plus fâcheuse des aventures — surtout avant d'a-
voir contemplé la belle cascade de Las Mo-
les qui, sous le soleil d'août, tombe en une
pluie d'argent toute pailletée d'or, éblouis-
sante...

On nous avait dit à Prades que les Andorrans s'étaient montrés réfractaires au
dernier essai de culture tenté sur eux, qu'on
avait même voulu les doter du télégraphe,
que les poteaux étaient posés — et que l'en-
treprise venait d'échouer misérablement...
— Nous le croyons sans peine, en voyant
tous ces gros pieux, sciés à hauteur d'homme,
qui nous suivent depuis Soldeu... Pour-

tant, dans le grand Conseil, il avait paru se former un petit groupe favorable à la civilisation et au progrès... Peine perdue ! les paroisses veillaient — les paroisses s'émurent, se concertèrent, firent aiguiser les scies et, vingt-quatre heures plus tard, il ne restait plus un seul poteau debout dans tout l'Andorre... — En approchant de la métropole, à Las Escaldas, nous comprendrons mieux pourquoi cet acte était en somme très noble et très grand...

De fort loin, la Valire annonce en bouillonnant une autre cascade, celle de Moncamp, la plus grandiose peut-être qui soit en Andorre. Le torrent, étranglé entre les deux flancs de la montagne, qu'il mine sans doute depuis des siècles, s'échappe en grondant de cette étreinte de la terre et du roc, et tombe comme une grande colonne blanche dans l'entonnoir qu'il s'est creusé, profond comme un puits...

Quels bains d'eau vive on pourrait installer ici !... Mais tous les bourgs que nous

traversons, ou que de bons yeux aperçoivent,
plantés sur une entaille de la montagne, à
cinq cents pieds plus haut, présentent l'aspect le plus triste, le plus misérable : quelques grandes huttes carrées, faites de poutres
noires, mal équarries et mal jointes, d'où
nul bruit ne sort, pas un chant de femme,
pas un cri d'enfant... — Mais ce silence,
qui impressionne, et cette solitude presque
absolue, sont la plus grande beauté de ce
pays : pensez ! en une longue journée de
marche, ne rencontrer ni un touriste, ni un
photographe, pas même un Anglais !... Ne
pas tomber, à un détour du chemin, sur
une calèche dont on déballe des viandes et
du champagne... C'est une jouissance exquise et qui rachète bien quelques mauvais
repas...

La plus belle de nos haltes, dans cette
matinée, eut lieu devant le sanctuaire de
San Joan... Comme il faut peu pourtant à
la nature, cette divine artiste, pour créer
un site admirable, qui ne s'oublie plus !...

5.

Ce sanctuaire de San Joan n'est en somme qu'une pauvre ruine, de proportion fort peu imposante, mais Dieu l'a entouré d'un si merveilleux cadre de montagnes roses, aux tons pâles, fondus dans la même gamme douce et tendre !... — Une vieille tour carrée, une petite chapelle, noircie par le temps, toutes deux posées sur un socle de granit : cela suffit, les yeux sont charmés et l'âme attendrie... Nous pourrions ici vous inventer quelque belle légende, poétique et facile... — A quoi bon ? Toute fiction gâterait la fraîcheur de notre souvenir... — La porte de la chapelle était close : nous le regrettâmes, car on parle d'un ancien rétable, d'une grande richesse — mais la vieille porte, toute chancelante qu'elle fût sur ses gonds rouillés, ne céda pas... Nous nous assîmes donc, l'un sur un talus de mousse, l'autre sur un rocher, et nous écoutâmes cette voix lointaine, douce et pénétrante qui monte des vallées, ou que la brise apporte des hautes cimes... — et il fallut la forte voix du capitaine, couvrant le murmure de la Valire, pour nous tirer de cette admiration extatique...

D'une traite nous atteignîmes Canillo, la seule paroisse d'Andorre qui soit blanche et gaie comme un village de Touraine...

Pauvre petite paroisse! comme son fin clocher est touchant au milieu de ces montagnes qui l'écrasent, — touchant comme une humble prière, mieux entendue de Dieu que les grandes louanges chantées avec pompe dans une cathédrale.

A partir de Canillo, la Valire, qui reste toujours notre compagne fidèle, lutte avec une fureur de désespérée contre les roches schisteuses qui obstruent son lit déjà si resserré... — puis s'apaise soudain devant Meritxell, le sanctuaire des pieuses vallées...

— Nostra Senyora de Meritxell! est un cri dont les Andorrans font retentir l'écho de la montagne dans toutes les grandes circonstances de leur vie... « *Deu los guarde y nostra senyora de Meritxell!...* »

La Senyora et son fils, le *Ninyo*, comme
on dit dans le Val, ont failli nous faire sourire, trônant tout au fond de la chapelle,
dans un petit décor bleu d'une naïveté extrême, surchargés de pourpre, de satin, de
pierreries, comme des statues d'un musée
de cire, et la tête ceinte de gros diadèmes...
— mais rien n'est attendrissant comme
cette foi naïve, si jeune et si vieille, du
montagnard et du marin ; et puis, comme
vous le pensez, une légende pieuse rayonne
sur ce sanctuaire. Celle-là est si jolie que
nous vous la donnons en prose cadencée :

D'un dimanche d'hiver naissait la pâle aurore...
— En une nuit la neige avait blanchi le Val.
Et sur le Fra-Miquel, elle tombait encore... —
Mais c'était jour de messe — et de chaque cortal
Des femmes descendaient, par la rampe très dure,
Vers Canillo le blanc village...
                              Or, en chemin,
Une enfant leur montra, de sa petite main,
Une ronce fleurie, en touffes de verdure,
Telle que juin brûlant en borde les sentiers...
On s'approche, on s'étonne... — Et, sous la haute neige
Voilà que l'on découvre un abri, que protège

Cette manne en décembre, en août des églantiers...
Et dans l'asile sombre, ainsi qu'une chapelle,
Et dont l'air est suave et tiède de parfums,
On trouve une statue, une vierge très belle,
Portant le doux Ninyo, le roi des Séraphins...
Alors tout Canillo monta...
                              Le digne prêtre
En pompe fit porter l'image et la bénit,
Et dans l'église blanche, il lui fit un beau nid...
— Un beau nid !... pauvres gens !... la vierge et son
                              [doux Maître...
Votre belle madone, hélas ! a disparu !...

Remontés à la grotte, ils retrouvent Marie,
Et la neige en tombant — ô miracle entendu !... —
Laisse un grand vide autour de la ronce fleurie

Et c'est là qu'on bâtit, au lieu dit Meritxell.
Cette petite église à la reine du Ciel.

On n'a malheureusement pas pu nous
montrer la ronce fleurie, parce que le saint
ermite qui garde Meritxell faisait en ce moment sa promenade du matin, dans la vallée. Midi venait pourtant de sonner à la
« cloche du monastère ». — Midi ! et nous
étions à jeun, et si le bon montagnard, qui
nous conduisait, n'avait fourni quelques

vivres à la caravane, il nous eût fallu atten-
dre dans le saint lieu un autre miracle de la
vierge... — Ce que nous mangeâmes avait
deux ou trois ans d'âge pour le moins, et la
saveur du petit vin qui l'arrosa ne serait
traduisible dans aucune langue... — mais
tout était offert de si grand cœur, avec tant
de sincérité, que nous dissimulions jusqu'à
la plus légère grimace... Ah! le brave
homme, le vrai brave homme!... Après
avoir longtemps examiné la petite pièce
blanche que nous lui donnions, il souleva
lentement sa baratine — car le montagnard
porte souvent sa bourse sur sa tête — et
tira quelques sous pour nous rendre... —
très étonné lui-même de notre surprise. Et
lorsqu'on a connu les paysans de Sor-
rente et de Naples, ces traits d'honnêteté
font du bien et consolent. — Notez qu'en
plus du modeste repas, nous emportions le
joli secret de boire aux bouteilles Andor-
ranes qui, par un tube très étroit, laissent
tomber en un filet de rubis le petit vin

clair... Or, les buveurs habiles renversent la
tête, ouvrent la bouche, s'humectent ainsi
délicieusement la gorge qui répond au frais
passage du liquide par d'harmonieux glou-
glous — chantés par Sganarelle.

Plus on approche d'Encamp — du Vieil-
Encamp — et plus le paysage agrandit,
devient splendide — non pas plus sévère,
mais plus sauvage, comme bouleversé... Le
sentier fait des bonds terribles, escalade
des roches, puis retombe — et nul de
nous n'est plus tenté de faire un cavalier
seul sur notre cheval de bataille, car un
léger faux pas suffirait pour qu'il ne vît
jamais la petite église d'Andorre-la-Vieille.
La marche même est fort pénible, mais,
dans un pays comme celui-ci, tout paysage
grandiose doit se payer de quelque effort ou
de quelque foulure. En Suisse, fleurit le
système des tourniquets; ici, celui des libres
casse-cou. Lorsque nous atteignîmes ce village d'Encamp, nous ne regrettions plus le
premier système.

On dirait que les petites maisons basses
du pauvre et charmant hameau ont poussé
dès l'origine des temps sur leur massif ro-
cheux, qu'elles y ont pris racine et s'y atta-
chent comme le lierre et la mousse aux
vieilles pierres des ruines, nichées là pour
l'éternité, au-dessus du petit torrent, qui
enfle sa voix, sans trop miner la roche...

Mais l'heure du déjeuner avait sonné depuis deux grandes heures, et nous n'avions
presque plus la force de voir et d'admirer...
Nous entrâmes dans la « fonte », mot du
pays qui ne signifie pas un hôtel de premier ordre. — Hélas ! Nous retombions à
une auberge Calveau plus primitive encore,
et, bien que, dès le seuil, on s'empressât de
nous sourire, nous jetâmes un coup d'œil
méfiant à la marmite, pendue sous la haute
cheminée, noire de suie... Toute soupe ou
tout potage fut donc refusé par principe...
Quant au reste du repas..., ne possédant ni
la palette, ni le pinceau de M. Zola, nous
aimons mieux jeter un voile sur les œufs

qu'on nous servit — d'une nuance verte, troublante — et sur certains carrés de veau, de provenance mystérieuse, nageant au sein d'une mer noire...

Bah ! nous souperons mieux à Andorra ! En route pour Andorra... Tandis que nous disposons tout pour le départ, le capitaine avise un brave homme, cordonnier de son état, qui tire le fil poissé sur le seuil de sa porte, et lui donne une reprise à faire... Alors tout le village s'assemble, chuchotte, commente cet incident grave... Car c'est aujourd'hui encore fête et grande fête... : on est au repos, on est en liesse, et, sur la petite place, se dresse une sorte d'arbre de la liberté, pauvre petit arbuste enguirlandé de fleurs et de rubans, qu'on a sans doute arrosé la veille de copieuses libations... Ce tableau est touchant : la pauvreté, la misère noire, quel mauvais souvenir ! — Tous s'ébattent, rient et chantent; ils danseront, ce soir encore, autour de leur petit arbre, et pendant deux jours, ils auront

oublié les neiges de décembre, les difficiles
passes de l'hiver...

Lorsque la caravane s'ébranle, toute la
bande des enfants l'entoure, lui fait cortège
— petit troupeau noir qui ne doit pas se
baigner souvent dans les eaux claires de la
Valire, — et longtemps nous marchons sans
perdre de vue la vieille tour croulante d'Encamp qui se dresse au-dessus des maisons
grises, étagées sur les entailles de la roche,
entre des bouquets de sapins et de haies
vives...

D'Encamp à Las Escaldas la route est délicieuse, bordée de prairies, grandes comme
des pelouses, d'arbustes au maigre feuillage
qui semble merveilleux sur ces hauteurs. —
Ce serait une charmante promenade, après
un déjeuner copieux. M. V... n'en remarque
pas moins, au passage, des moraines, plusieurs vestiges de l'époque glaciaire, car
notre compagnon étudie les terrains comme
tout bon ingénieur des ponts doit le faire,
et sa grande carte se charge de notes...

« Voici Las Escaldas ! » nous crie de loin notre guide en étendant ses longs bras dans la direction d'un petit village que le soleil, bien qu'à son déclin, embrase tout entier... Las Escaldas ! et plus au fond de la vallée, à quelque cent mètres, Andorra !... — Il y a huit grands jours que nous rêvons de ce petit clocher et de cette centaine de maisonnettes, serrées les uns contre les autres, comme s'embrassant...

Mais en montagne il faut toujours compter avec les illusions d'optique, et nous mettrons encore une grande demi-heure pour atteindre les premières maisons d'Escaldas. Il est quatre heures passées, et les Andorrans respirent déjà, en devisant, par groupes, sur la « grande place », l'air du soir qui fraîchit...

C'est à Las Escaldas qu'une société voulut fonder, il y a deux ou trois ans, un établissement thermal, avec roulette et petits chevaux, sur le modèle de Monaco et de Nice, en frayant une route carrossable de

France en Espagne... Mais les têtes andor-
ranes sont encore plus dures, nous l'avons
vu, que nos têtes bretonnes, et le beau pro-
jet tomba, après quelques pourparlers dans
l'eau claire de la Valire... Alors le *Cu-*
rhaus resta ce qu'il était, simple et modeste,
composé d'une salle blanchie à la chaux,
fraîche comme une cave, et de deux baignoires suffisantes sans doute pour tous les
goutteux et rhumatisants de la vallée, —
baignoires qui remontent peut-être à l'empereur Charles...

Mais l'idée fixe de ces Andorrans n'est
pas de celles qui doivent faire sourire : refu-
ser la fortune, ou tout au moins le bien-être,
écouter sans s'émouvoir des propositions fas-
tueuses, résister à la tentation si forte de
tailler à merci d'opulents étrangers, qui
afflueraient sans doute ici, la mode s'en mê-
lant, comme à Barèges et à Cauterets, —
mépriser tout cela, et préférer vivre dans sa
tanière et manger son pain noir que de
céder un pouce de son libre-sol — c'est de

l'entêtement — surtout pour ceux qui s'y sont heurtés — mais de ces entêtements qui touchent à l'héroïsme...

Au lieu de tondre des Anglais et des Russes, les habitants de Las Escaldas cultivent le tabac et tissent des étoffes : leur tabac n'est pas mauvais, il est exécrable, mais ils s'en contentent ; leurs étoffes sont grossières mais solides, et leurs métiers sont tout au moins ou doivent être de curieux objets d'étude pour ceux qui n'ont pas vu les bons et patients métiers antérieurs à Jacquard...

La route de Las Escaldas à Andorre-la-Vieille est un sentier fleuri, bordé de mûriers dont on vous laisse cueillir les grosses mûres noires au jus de pourpre... et l'on approche de la petite capitale déjà sous le charme d'une douce et pénétrante poésie ..

Nous vous en supplions, ne souriez pas trop de toutes nos expressions, même si elles sont un peu trop de poètes adolescents, en quête d'impressions et d'extases... Nous avons senti tout ce que nous voulons vous faire sentir, et croyez bien que notre style seul sera moins vif et moins sincère que nos impressions...

CHAPITRE IX

A l'entrée de la ville, nous sommes reçus
par un vieil Andorran, en veste de velours,
en veste de gala, dont le petit œil vif sourit
en nous apercevant, et qui nous dit avec une
pointe de fierté :

— Eh ! bien, senyors, vous venez donc
rendre visite à notre pauvre république ?...

C'est ici qu'après tant de mois passés, nos
souvenirs se précisent, s'animent... Tandis
que nous écrivons, tout revit sous nos yeux...
Voilà la petite rue, descendant à la grande
place, voilà notre caravane qui se forme —

qui se forme comme un cortège indien : en
tête le guide, au pas grave, puis son bon
cheval, suivi des voyageurs dans une tenue
sérieuse et modeste... Puis l'entrée, —
l'apparition extraordinaire de trois étrangers
sur la place d'Andorre-la-Vieille, au milieu
de sa fête patronale... Alors les danses
s'arrêtent, le silence se fait, les couples toujours enlacés, restent immobiles, et le petit
orchestre ne jette plus qu'une ou deux notes
mourantes de la valse commencée... Ce
silence nous trouble, nous émeut... Nous
n'attendions pas un tableau d'un charme
aussi profond, et si simple : les danseurs
coiffés de la baratine rouge, les filles d'un
fichu d'or, et formant un grand cercle jusqu'à
la petite église... Celles qui ne dansent pas,
asisses en longues files, sur les marches du
pauvre temple — et pour cadre la grande
montagne, d'une teinte sombre, écrasant
ces petites maisons grises, qu'éclairent les
derniers rayons du soleil couchant... — C'est
presque un regret qui nous prend d'avoir

troublé ainsi la valse douce et lente que ces
enfants dansaient, et, lorsque par une étroite
ruelle, nous arrivons à la maison de Pépé.
premier aubergiste d'Andorra, il nous
semble que nous sortons d'un rêve...

On nous ouvre une belle chambre — celle
du viguier! — et nous entendons la valse
qui reprend, et dont les sons nous arrivent
affaiblis et presque plaintifs...

Avant le souper, nous nous mîmes au
balcon, pour respirer un peu la brise du
soir : le bruit se rapprochait, et les danseurs, quittant la place, musique en tête,
rentraient pour le joyeux repas... — Le cortège passe sous nos fenêtres, nous écoutons...
et soudain nos oreilles sont frappées, car,
malgré des variantes et des incertitudes tou-
chantes, elles ont reconnu quelques notes de
la Marseillaise... — On nous avait bien dit,
sur notre route, que le nom de la France
était en grand honneur dans toutes les vallées, mais cette charmante attention fut pour
nous la plus douce des surprises, et nous

6

écoutâmes, tête nue, ces sons grêles et criards
qui nous troublaient plus que ceux d'un
imposant orchestre...

Le dîner, servi par maître Pépé en personne, fut déclaré excellent, et c'était, on
peut le dire, le premier repas raisonnable que
nous faisions en Andorre, — depuis deux
grands jours !... Ce Pépé est un étrange corps,
long, tout en os, à la voix chantante, au pas
glissant — formant un étonnant contraste
avec son épouse, forte et puissante femme,
dont le regard profond est si terrible parfois
qu'on ne peut le soutenir... Pépé occupe évidemment le poste de premier domestique,
d'homme de confiance, — Mme Pépé est
la grande maîtresse du logis... Sous ces
yeux dominateurs, tout doit pâlir et trem-
bler...

Nous dînions au premier étage, et, dans
la salle du bas, les buveurs faisaient monter
jusqu'à nous de formidables beuglements,
de ces chœurs de montagnards dont les
vitres tremblent : l'Andorran a peut-être le

vin doux, mais il est d'une gaieté bruyante...

Lorsque neuf heures sonnent à la paroisse, le petit orchestre repasse et les danses vont se reformer sur la place, plus enlevées sans doute et moins lentes : nous redescendons pour les voir.

Le tableau est peut-être moins touchant qu'il y a deux heures sous les derniers feux du soir, mais il est plus étrange et la nuit lui donne des proportions fantastiques...

Pour tout éclairage, quelques branches résineuses, brûlant dans une corbeille de fer : Andorre-la-Vieille échappera sans doute jusqu'à la fin des siècles aux merveilleuses inventions d'Edison — et, sous les lueurs vagues et tremblantes que projette la flamme fumeuse, les grandes ombres des danseurs, se balançant sur un rythme tantôt saccadé, tantôt doux et rêveur, forment une ronde au curieux mouvement... Voyons-nous encore ces jeunes gars et ces filles si fraîches qui valsaient tout à l'heure ?... Les silhouettes noires et grimaçantes qui se profilent sur les murailles, les cris aigus que poussent les valseurs excités, le silence de mort qui tombe des grands monts, dont les lignes ondulent dans le ciel étoilé, tout transforme la scène et la rend, non certes plus belle, mais plus saisissante...

Le lieutenant est invité à faire un tour de valse, mais, bien qu'il ait déjà dansé, à deux mille mètres d'altitude, dans un bal d'accortes Suissesses, les plus belles danses de sa vie, il n'ose se mêler à cette grande famille qui rit et qui s'amuse, et il préfère regarder, écouter, rêver... — se rappeler les grandes fêtes d'hiver de Paris, avec leurs élégances, leurs ruissellements de feux..., et rester sous le charme d'un contraste délicieux... De rêverie en rêverie, il en vient à méditer, comme un philosophe, sur ce contentement de peu qui est la sagesse et qui est le bonheur... Tous ces montagnards se connaissent, se pratiquent chaque jour, s'aiment ou du moins se respectent ;

leurs mœurs doivent être douces, leurs
femmes doivent être sages ; ces enfants qui
dansent sont tous frères : les filles peu co-
quettes, mais roses, mais fortes; les fils, mal
vêtus comme elles, et comme elles solides,
jamais usés avant le temps, naïfs sans
doute, et purs, — à moins de vingt lieues
de nos villes ! — ignorant les bienfaits de
la politique savante, nés dans le même ber-
ceau que leurs pères et dansant chaque
année sur cette place où leurs aïeux dansaient il y a mille ou deux mille ans !... —
Ah ! que ce petit peuple est loin de nous,
mon Dieu !... dans son repli de montagnes...

Lorsque onze heures sonnèrent, les têtes
s'échauffèrent un peu, les cris devinrent plus
perçants, des « mimyous (jeunes garçons)
tirèrent quelques coups de leurs vieilles
canardières : ce fut toute la folie de cette fin
de fête ; mais par ces bruits, le charme était
rompu. Nous rentrâmes chez Pépé.

Très impressionnés par ces tableaux d'antique innocence, tandis que nous essayions de

6.

vous les dépeindre, nous avons glissé, sans le vouloir, sur ce qui devait intéresser au plus haut point des touristes simplement civilisés : la constitution, les lois, les mœurs de la petite république. Revenons sur nos pas.

A peine entrés dans Andorra, notre première pensée avait été de rendre une visite demi-officielle au syndic, président des vallées, pour lui remettre la carte où notre viguier, par quelques mots aimables, nous introduisait auprès de lui... mais, déception complète sur ce point... Nous avions passé au vieil Encamp, sans nous douter que c'était là le séjour estival de ce chef d'État, — qui est un marchand de bœufs fort à l'aise... Nous nous rabattîmes donc sur le maire, et quelques conseillers généraux... Mais la plus haute tête manquait... Nous fûmes désespérés.

Tous ces personnages nous souhaitèrent d'alleurs la bienvenue avec une politesse dont nous n'eûmes qu'à nous louer — politesse légèrement froide pourtant, ou du moins très discrète, que l'Andorran doit observer dans toute circonstance un peu grave. — Le maire — un vieillard aux traits fins, à la taille droite encore, — presque distingué — nous frappe par la mobilité de son regard, le nombre infini d'impressions et de sentiments que peuvent traduire ses yeux clairs en quelques secondes... Il y a un mot en Catalogne qui fait parfaitement entendre qu'un individu est adroit et rusé compère, on dit de lui : « C'est un Andorran. » Eh bien, ce n'est pas le maire actuel d'Andorra-la-Vieille qui fera mentir le proverbe.

Quelques mots maintenant sur la constitution de l'Andorre.

Toutes les vallées sont divisées en six paroisses ou districts, autour desquels se groupent tous les petits hameaux perdus dans la montagne. Chaque district, tous les deux ans, nomme deux consuls qui président le conseil de paroisse, veillent à la sécurité des habitants, etc... Quand leur mandat

expire, ils sont de droit consr.ilers généraux
pour deux ans encore et « proms », c'est-à-
dire premiers citoyens, pour toute leur vie...

Le parlement de la petite république
est un simple conseil, le « Conseil général
des Vallées », défenseur des intérêts et
des franchises de l'État, seul électeur du
syndic ou procurador général — actuellement un simple négociant, mais pur Andorran, — ce qui suffit. Quant aux Viguiers,
ce sont les deux plus grands personnages
des Vallées, étant les seuls juges du crimi-
nel, et ne relevant, pour exercer ce pouvoir,
que de leur propre conscience...

De l'année 1278 date l'antique constitution, renfermée tout entière dans la sen-
tence des Pariatzes, qui égalisait les droits
sur les vallées entre l'évêque d'Urgel et le
comte de Foix, c'est-à-dire entre leurs lieute-
nants, aujourd'hui viguiers de France et
d'Espagne... C'est notre viguier qui préside
les cours de justice, et lorsqu'il est seul
à siéger, sa voix suffit pour décider de la

mort d'un homme... Dieu ! que les séances
de ce tribunal suprême doivent être impo-
santes et terribles, par leur simplicité même,
lorsque le « bayle » (sorte d'agent du pouvoir exécutif dans chaque paroisse) amène
l'accusé devant la pauvre table (que nous
avons vue) et devant ses juges modestement
assis dans des fauteuils d'osier... — Grâce
au Ciel, les assassins sont rares dans ces
vallées, mais des exécutions capitales ont
eu lieu à Andorra même, et la triste scène
doit être plus poignante ici que dans nos
villes, lorsque les proms vont chercher le
bourreau par delà les monts et que le con-
damné est conduit au lieu du supplice au
milieu des prières funèbres, psalmodiées
par toutes les confréries, formant cortège...

D'autres cérémonies sont plus gaies,
par exemple, l'installation solennelle d'un
viguier. C'est avant le dessert que le « lieutenant » de France ou d'Espagne jure par
devant les syndics, la main posée sur les
quator Evangelia de défendre les lois et

privilèges des vallées. La France — détail assez amusant — doit payer ce dessert, et les vallées prennent seulement à leur charge la partie résistante du banquet — jusqu'au rôt inclusivement...

La seule nuit que nous passâmes à Andorra fut légèrement troublée, grâce aux chants bachiques entonnés au-dessous de nos têtes par quelques buveurs attardés, mais les lits étaient bons, et nous nous réveillâmes assez frais et reposés pour achever notre visite des « curiosités et monuments » de la ville.

La casa de la Vall, ou palais des Vallées, est en somme d'apparence aussi riche qu'une grange fermée dans une modeste ferme, mais son vieux portail est digne de respect, avec son inscription qui renferme une noble pensée :

Domus consilii, justitiæ sedes,
Virtus unita fortior.

L'intérieur est triste et dans un délabrement qui fait peine, — mais le conseil des

Vallées siège toujours dans cette salle nue
et misérable. — L'Andorran qui s'est fait
notre guide nous montre même, pendus à
leurs clous, les longues robes noires et les
chapeaux des conseillers : on dirait qu'une
séance vient de prendre fin.... — Puis nous
sommes invités à considérer la grande
caisse qui renferme les procès-verbaux
des séances, et, sans doute aussi, les
fameuses chartes... — Mais notre guide
n'a aucun pouvoir pour sortir, devant nous,
de ce large coffre de bois vermoulu, quelque acte authentique, signé de Louis, fils
du grand empereur...

— « Senyors, regardez la porta, la
porta ».... Cette porte est la plus grande
curiosité du Palais. Lourde et massive, fermée par six serrures, une pour chaque
paroisse, elle reste inviolable devant les
conseillers qui voudraient pénétrer illéga-
lement dans ce sanctuaire des vieilles
archives.. — Ces Andorrans sont aussi
ingénieux que rusés.

Enfin il nous est impossible de partir, sans
avoir visité le réfectoire et la chapelle, — car
la Casa de la Vall doit posséder une installation à peu près complète, les conseillers
n'ayant pas le droit d'en sortir pendant les
sessions. — Voilà encore une coutume qui
peut se défendre : grâce à elle, la corruption
est impossible et les délibérations plus
graves.

Notre visite est finie, nous remercions
notre cicérone, et, pour bien marquer notre
reconnaissance, nous lui tendons une pièce
blanche, du geste le plus naturel,... mais
nous voyons une main qui hésite à s'ouvrir,
qui s'avance, puis recule avec un scrupule
bizarre...

— Parbleu ! mon capitaine, dit le lieutenant à voix basse, une fois la porte franchie,
je crois bien que nous venons de commettre
un de ces impairs...

— Comment cela ?...

— Vous n'avez pas vu cette figure, hier

soir, qui nous saluait aux côtés du maire?...

— Eh! Dieu!... c'est possible...

— Je gagerais que c'est un conseiller général, un ancien consul!...

— Juste ciel!...

C'en était un.

Cette maladresse nous fit un ami de plus et l'indulgent conseiller ne manqua plus une seule fois de nous saluer... Les Andorrans ne sont pourtant pas, croyons-nous, avides et quémandeurs — sur ce point ils ont fait leurs preuves, — mais ils sont hommes et la moindre monnaie d'argent a, même en Andorre, un éclat fort doux... Pauvre petit peuple, tes obscures et solides vertus sont bien à toi, et tu en es fier... ce n'est pas nous qui les méconnaîtrons!... — On nous a dit que cette garotte, ce hideux instrument de supplice, qui se trouve dans la Casa del Vall, a déjà tranché la tête d'un malheureux... Bien qu'on nous l'ait affirmé, nous ne le croyons pas. — Ces bonnes et braves gens qui ont si bien dansé, chanté, trinqué

7

hier soir et cette nuit, les voilà dès l'aurore, remplissant leurs « calles » étroites de groupes animés, qui se rendent à l'église, parce que tout dimanche, même au lendemain d'une fête, est jour de sainte messe...

La petite nef était en effet remplie de femmes et d'enfants agenouillés et courbés sur la pierre, comme dans tous les villages d'Italie... les garçons à l'entrée, tenant à la main leurs baratines, gardaient la tête baissée... — Les grand'messes en musique de Saint-Augustin et de la Madeleine sont d'un petit effet lorsqu'on a assisté aux humbles offices d'Andorra-la-Vieille...

Après une courte flânerie, nous rentrons chez Pépé ! — La veille au soir, dans la salle du bas qui sert d'estaminet, nous avions, au milieu des chanteurs et des buveurs, consulté nos cartes, tenu conseil enfin pour fixer le chemin du retour... Nous ne tenions à revoir ni Soldeu, ni le Fra-Miquel, ni tous les sites déjà vus, et pour sortir du Val, que ce fût au nord, au midi, à l'est comme à l'ouest, il fallait franchir un col, ou un « port », n'ayant pas beaucoup moins de 3,000 mètres, et d'une ascension très souvent pénible... Aussi, tout le temps que nous fûmes à Andorre-la-Vieille, cette impression curieuse d'une sorte d'emprisonnement entre ces grands monts noirs, ne nous abandonna pas... — Et la discussion fut longue, car chaque personnage, entrant dans l'auberge, nous apportait de nouvelles lumières qui obscurcissaient tout... Enfin, après mille conseils donnés, reçus ou rejetés, notre parti fut pris : nous rentrerions en France par le col d'Auzat ou port du Rat, nous verrions ainsi la vallée d'Ordino, et Pépé, qui plus est, Pépé en personne, deviendrait notre guide avec son petit bidet fort maigre, mais vigoureux, et bien suffisant pour porter des provisions et les bagages. Un seul point noir : M. V..., devait retourner seul à Bourg-Madame — revoir Soldeu, redéjeuner à la « fonte » du

Vieil-Encamp, n'ayant plus, pour toute ressource, qu'à deviser en catalan avec le
brave guide qui nous quittait aussi... —
Mais notre compagnon, de la meilleure
grâce du monde, ne fit que nous engager
dans ce dessein...

Or, parmi tous ces citoyens qui nous
avaient aidé de leur expérience, pour tracer
notre route, nous avions bien remarqué un
gros homme, trapu, carré d'épaules, terri-
blement sourd, à qui pourtant chacun
s'adressait avec une certaine déférence,
répétant quatre ou cinq fois chaque mot et
chaque phrase, très patiemment... Le lendemain matin, quand nous le revîmes, ses
traits nous frappèrent : nous lui trouvions
quelque ressemblance avec un certain portrait que nous venions de voir dans un
numéro du *Tour du monde*...

— Pépé, quel est donc ce personnage ?...

— Quoi ! vous ne le saviez pas... Mais
c'est M. Mosnes, le syndic de l'an dernier...

— M. Mosnes !... c'est bien ce nom. Enfin

nous aurons vu un président de la république d'Andorre... Nous partirons satisfaits. — Seulement, M. Mosnes ne voulut jamais se reconnaître dans le portrait (d'une ressemblance parfaite) que nous lui présentâmes...

— Ce n'est pas moi.

— Monsieur, votre nom est au bas, et d'ailleurs le portrait est vivant...

— Ce n'est pas moi.

— Regardez bien.

— Ce n'est pas moi.

Trait dominant de leur caractère, l'entêtement tenace...

Avant le départ, il fallut que le lieutenant revît une dernière fois tous ces lieux où il avait rêvé, la petite place, si gaie la veille, maintenant silencieuse, l'église au toit penché, contiguë à la prison, toujours vide, et la haute demeure de don Guillem... Il repasse dans les pauvres ruelles où il s'est perdu, n'oublie aucune maison dans son dernier adieu — et quand il revient à l'auberge,

Pépé charge déjà sa pauvre bête... — Les
préparatifs sont longs, et notre ami nous
semble un chargeur de mules fort inexpéri-
menté, déplaçant un sac, puis un autre,
détruisant chaque fois l'équilibre et ne
sachant en fin de compte où placer les outres
et les vivres... La caravane s'ébranle enfin :
la rue est pleine de curieux, — et nous saluons Mme Pépé dont les yeux s'adoucissent,
tout en lançant encore quelques fauves
éclairs... — Durant l'absence de l'homme,
l'auberge sera bien gardée.

CHAPITRE X

Oh ! comme nous eûmes trop vite traversé la petite ville et dépassé sa dernière maison... Bientôt, après avoir franchi le pont de la Valire, la route fit un coude, nous perdîmes de vue le clocher...

Adieu, vieille Andorre, adieu, et sans doute pour toujours adieu !...

La vallée d'Ordino est incomparablement moins belle que la vallée de Canillo et d'Encamp, mais le sentier est aussi rocailleux et épouvantable dans l'une que dans l'autre... Que font donc les conseils de paroisses et le conseil général, expressément chargés des travaux de voirie ?... L'argent manque sans doute, comme les bras.

En approchant d'Ordino, notre œil s'habitue déjà et trouve même un grand charme à ces gorges moins vertes et plus sauvages. Sous un beau soleil, Ordino serait peut-être comme Canillo, un riant village : malheureusement le ciel s'est tout à coup obscurci, et ces pauvres maisons, étagées sur le flanc de la montagne abrupte, forment un tableau d'une accablante tristesse... La misère est plus noire ici que de l'autre côté de la vallée... et il faut avoir, non pas mangé, mais seulement touché le pain qu'on nous offrit pour se convaincre qu'en certains pays les animaux qui paissent peuvent rendre les hommes jaloux.....

Ce pauvre Ordino possède les ruines d'un castel et une tour carrée, connue à vingt lieues à la ronde, et que ces pauvres gens donneraient sans doute de grand cœur pour une bonne récolte...

C'est à Ordino que nous arrêtâmes notre troisième guide, pour la passe du col d'Auzat, car Pépé n'avait que des connaissances assez imparfaites sur la carte de son pays. — Le nouveau compagnon est un Andorran pur sang qui d'abord ne répond pas aux propositions qu'on lui fait, puis les refuse net, et ne nous suit pas moins à distance, son gros bâton ferré sur l'épaule...

— C'est un vieux contrebandier, nous dit Pépé, « très honnête au fond et très courageux » ; c'est lui qui nous passera... Soyez sans crainte...

Il nous rejoint bientôt en effet, et tout s'arrange... Le vieil ennemi des douaniers et des gendarmes devient notre ami et nous cueille des fleurs en se déchirant aux ronces... Pauvres fleurs !... dans quel triste paysage elles ouvraient leurs petites corolles bleues, d'une délicatesse infinie !... La nature oublie partout ses chefs-d'œuvre, même dans une vallée d'Ordino.....

A quelques belles prairies que nous avions

7.

trouvées sur notre route, succédaient
maintenant de hautes pentes noires, tombant à pic dans l'étroite vallée, silencieuse
et inhabitée,... et nous avions peu vu de
sites aussi mornes, aussi désolés...

Comme le soir tombait, nous atteignimes
la pauvre métairie de Lo-Serrat, qui devait
être notre hôtel pour cette nuit-là... Les lits,
nous le savions, seraient d'une simplicité
extrême — sans doute de foin nouveau —
et nous n'aurions pas à douter de la blancheur des draps — qui manqueraient absolument. C'était une expérience que nous
voulions faire : elle était dans notre programme et notre programme s'exécutait.

Les bergers, qui sont déjà descendus de
la montagne, nous accueillent hospitalière-
ment, nous promettent de bonnes jattes de
lait fumant, et nous font voir la pièce, où sera
la chambrée — une vaste grange, haute de
plafond et largement ouverte, afin que le foin
qui fermente ne plonge pas les dormeurs
dans un éternel sommeil...

Ce fut Pépé lui-même qui se chargea de
mener à bien notre petit souper : il voulait
que nous nous souvinssions encore des bons
dîners de son auberge d'Andorra... — Lait
en potage, jambon grillé, pommes de terre
cuites sous la cendre — c'était un menu
présentable, — et presque magnifique pour
ces braves montagnards qui hésitaient à
prendre ce que nous ne mangions pas...
Levés de table, nous nous asseyons avec eux
quelques minutes devant la porte de la métairie, et là, dans la douce paix du soir, ils
nous parlent de leur vie, de leurs travaux,
de leurs rudes souffrances en hiver, mais
aussi de leurs joies et des bons livres qu'ils
aiment et qu'ils ont lus souvent... — Il y a
des cœurs dans ces montagnes qui sont
encore d'une pureté adorable.

A neuf heures, sonne la retraite générale,
car il faut qu'au petit jour, nous soyons
debout, prêts à franchir ce col d'Auzat qui fait
une sombre mine, par cette nuit sans lune...
Brave Pépé ! nos « lits » sont faits, tout

parfumés, et moelleux ; et nous n'avons
qu'à nous glisser sous les couvertures et les
manteaux qu'il a jetés très adroitement sur
le foin bien piétiné... — ce pâle Andorran
est véritablement pour nous une providence,
une maternité ; on dirait qu'il nous emmail-
lotte...

— Bonsoir et reposez-vous bien...

— Merci, Pépé.

— Demain matin, je vous réveillerai, et
quand vous serez levés, le lait sera servi...

— Encore merci, bon Pépé.....

Le capitaine dormit seul parfaitement,
cette nuit-là... Le lieutenant se retournait,
s'agitait, troublé par l'arrivée des guides,
puis des bergers dans la chambre commune,
et cherchant toujours la petite poche de son
revolver... Comme on a pourtant des pen-
sées mauvaises !... Ces montagnards sans
défense avaient plus de confiance en nous,
qui étions armés !... Pourtant, lorsque toute
la compagnie ronfla, le lieutenant s'endormit
comme les autres...

Le lendemain, à cinq heures, Pépé sonne
la diane, nous soigne comme la veille, — et
nous nous mettons en route.

Cette nuit d'hôtel (quatre grands lits)
nous coûta la somme ronde de deux francs :
jamais nous n'avions dormi si haut, ni à un
prix si bas ! — Et encore ces braves gens
nous crièrent-ils plusieurs fois de loin :
merci, gratias !...

La chaleur était douce, tempérée par une
fine brise , — délicieuse pour la marche ; et
vraiment ce n'est qu'à l'aube naissante, ou
au crépuscule, qu'on devrait faire des courses
en montagne, lorsque le soleil, s'élevant
ou déclinant entre les sommets neigeux,
comme un énorme globe d'or, varie inces-
samment l'aspect de sites par la succession
de la lumière et de l'ombre...

A deux kilomètres de Lo-Serrat, la gorge
se resserre, s'accidente, et l'ascension devient
très vite assez pénible, mais sans présenter
l'ombre d'un danger... Notre vieux guide,
en tête de file, nous montre le rythme lent

du pas de montagne, et nous admirons avec
quelle régularité et quelle souplesse ces
vieilles jambes gravissent encore l'âpre sentier... Mais soudain l'Andorran s'arrête,
semble ému, et ses yeux fixent en haut de
la pente deux points noirs que nous distin-
guons à peine.....

— Il reconnaît des contrebandiers qui
vont passer en France par le col de Siguer,
nous dit Pépé. — Vous comprenez,... le cœur
lui bat.

Et, tandis que nous suivons du regard la
marche lente des deux hommes qui, l'échine
ployée sous leur fardeau énorme, gravissent
la côte presque droite, le vieux nous conte
une de ses mêlées avec nos douaniers, un
petit combat où il en a « décousu » deux —
vraiment « un de ses plus beaux coups ». —
Ce dénouement brusque nous froisse un peu,
mais Pépé, qui est moraliste, nous explique
que les contrebandiers doivent nécessairement jouer quelquefois du couteau, et qu'ils
regrettent tous les premiers la triste extré-

mité où on les réduit... —C'est égal, le récit
du bonhomme gâtera maintenant toutes les
fleurs qu'il nous cueillera.....

La marche continuait, assez rude, les
pentes succédaient aux pentes, et, lorsque
se profilait à l'horizon une petite échancrure
par où nous pensions voir le ciel de France,
la question que nous posions était invaria-
ble, — comme la réponse : Cette fois,
sommes-nous bien au col ?... — Oui, señors.—Vingt ou trente fois nous entendîmes
ce « Oui, señors » qui nous ranimait toujours, bien que nous fussions à peu près
épuisés... Enfin, vers midi, le vent nous
souffla plus vivement au visage et le vieux
pointa son bâton tordu sur une petite trouée,
formant un croissant dans le ciel : nous
étions au port d'Auzat.

Le déjeuner eut lieu au pied du col... —
Cher Pépé, vous souvenez-vous encore de
cette claire matinée du 6 août 1888, et de
ce joli repas, près du ruisseau limpide qui
nous donnait une eau glacée? Comme votre

service était simple, mais propre et dili-
gent !... Et quelle gaieté fredonnante apportait votre petit vin d'Andorre !... Tenez,
nous revoyons toujours votre vieux compagnon dont la gorge chantait, en se désalté-
rant, et qui connaissait si bien vos grandes
outres de peau de chèvre...

Mais nous avions encore à faire une marche de 32 kilomètres, avant de rencontrer
le plus petit village et nous dûmes bientôt
nous arracher à ces délices... Quelques
minutes plus tard, nous atteignions le col et
demeurions longtemps aveuglés par l'éblouis-
sant panorama qui s'offrait à nous, comme
un immense collier de diamants, d'émerau-
des et de saphirs, semés sur la longue et
molle traînée de neige qui couvrait les cimes,
jusqu'aux extrèmes limites de l'horizon...

— En bas la vallée au sol nu, fendillée par
des filets d'eau, et descendant en pente
douce jusqu'à Auzat...

Du Fra-Miquel à Soldeu, nous n'avons
peut-être pas suivi de sentier plus af-

freux qu'au commencement de cette descente : c'est un véritable chaos, un amon-
cellement de roches, toutes sur le point
de crouler... Pépé, avec ses sandales rete-
nues par des bandes noires, comme les
brodequins antiques, se rit des fondrières,
et roule avec les 'pierres, sans se troubler,
tirant son petit cheval, qui, sous sa lourde
charge, s'assied parfois et se relève toujours... Mais le capitaine dont la hardiesse
avait été justement remarquée depuis notre
entrée en Andorre, fit à ses dépens la triste
expérience de la fragilité humaine... Soudain son pied glissa, — et ce fut tout un
drame : la canne d'un côté, le chapeau de
l'autre, et leur propriétaire au milieu, assis
sur ce que nous n'aurions jamais le courage
de nommer !... — Par bonheur, les mem-
bres, toujours souples, étaient restés intacts,
et la petite troupe put bientôt repartir, gran-
dement amusée par ce terrible accident.

Au bout de quelques kilomètres à peine,
cette vallée d'Auzat devient admirable. Elle

est vierge encore et quelques pâtres rêveurs
contemplent seuls comme nous ces hautes
murailles de granit, semblables à d'énormes
blocs de bronze et de marbre veiné, d'où
les aigles s'élancent pour gagner les nues...
D'une beauté âpre et sévère, ces sites char-
ment moins le regard qu'ils ne l'étonnent,
et il faut atteindre la cascade de Manieros
pour retrouver les jolies gorges Pyrénéennes, profondes et mystérieuses... Cette
chute est d'une hauteur prodigieuse (que
nous ne pourrions qu'évaluer puisque aucun
livre n'en fait mention) et plus pittoresque
encore que grandiose, grâce à plusieurs
étages de roches vertes, d'où le torrent s'é-
lance en rebondissant... La sente qui la con-
tourne est étroite, laisse parfois à peine une
petite place pour poser le pied, et nous
devons longtemps marcher en file, notre
vieil Andorran tenant la tête et donnant au
paysage une note charmante et vive. Souvent il nous faut mettre en fuite de pauvres
brebis qui bêlent et sautent de roche en

roche jusqu'au petit troupeau qui broute sur les hauteurs... Que de jolies toiles à faire dans cette vallée d'Auzat !... Et nos bons guides, quel fin croquis pour un De-camps, surtout lorsqu'ils profitent de nos longues extases pour jouer chacun leur petit air avec nos outres qui se dégonflent.

Mais voici les premiers paysans basques, coiffés du beret rouge ou bleu ; et la gorge devient un jardin, plein de verdure et de fleurs, entre les montagnes géantes, teintées d'azur. Cette végétation est merveilleuse, et lorsqu'on descend des hautes terres, tristes et nues, il semble vraiment qu'on entre dans un éden...

Bientôt, son petit pont franchi, Auzat nous apparaît ; c'est un joli village de France et nous ouvrons de grands yeux, comme si, pour la première fois, nous voyions de blanches maisons, de belles granges — car nous sommes poursuivis encore par le sou-venir des masures noires de Soldeu...

Toutefois l'auberge Dandine est peu

recommandable, et si Pépé nous y conduisit,
ce fut sur un signe de son camarade, vieux ma-
dré qui venait de faire une amusante figure
en passant devant le bureau de la douane...

Les lits et la table de Mme Dandine se
valent : ils sont fort mauvais ; et quand, le
lendemain matin, nous recevons une petite
note de quinze francs, nous nous récrions...

— Quinze francs ! Madame Dandine...

— Bé oui, quinze francs !...

— Madame Dandine, regardez-nous :
vous commettez une petite erreur...

— Ah ! Seigneu, est-ce triste tout de
même ! Eh ! ben, ne donnez rien !... — ou
ce qui vous plaît...

— Voici huit francs, chère madame...
nous vous faisons grâce des remerciements...

Et le capitaine jette les huit livres sur
une table, tandis que l'hôtesse, les yeux
élargis et la bouche grande ouverte, reste
comme pétrifiée...

Cette petite exécution nous valut une
amusante paysannerie... Sur la place du

village, on battait le blé, hommes et femmes
levaient les fléaux, — en cadence. — Nous
approchons..., de petits groupes se forment,
commencent à chuchoter... et nous nous y
mêlons...

— Qu'est-ce donc que cette Dandine...
qui tient l'auberge, de l'autre côté du
pont? Croyez-vous qu'elle nous demandait
quinze francs pour une nuit?...

— Tè Dieu! c'est-i possible!... Hé Lise,
quinze francs qu'elle demandait à ces messieurs la Dandine, vois-tu?... — Quinze
francs!... Mais moi, je vous aurais logés
pour trente sous!...

Et lorsque nous nous éloignons, les groupes se rapprochent, murmurent des mots
indignés,... lançant vers l'auberge de mauvais regards... — La réputation du plus
grand hôtel d'Auzat est actuellement bien
compromise.

CHAPITRE XI

Départ d'Auzat. — Le col de Salleix. — Marguerite la
chevrière. — Arrivée à Aulus. — Saint-Girons. —
Fin de nos marches. — Un mot sur Luchon, Cauterets, etc. — Adieu à nos amis.

Nous nous dirigions vers Aulus, une de
ces petites stations balnéaires qui fourmillent
dans les Pyrénées, et nous rêvions déjà
d'une route nationale, merveilleusement
unie, pour nous remettre des chemins de
l'Andorre....., mais nous avions mal lu notre
carte, hélas ! et nous apprîmes au village de
Salleix, auquel on parvient par une côte très
dure, qu'il nous restait encore à franchir un
col de 1,400 mètres...— Et pour la première
fois, nous fûmes sur le point de donner

notre démission de touristes — et de marcheurs.

Bien que huit heures fussent à peine son-
nées, le soleil était de plomb, et nos jambes
se sentaient prises, comme d'étranges fa-
blesses...— n'étant plus depuis cinq grands
jours habituées à plier sous le poids du sac...

— Au bout d'une demi-heure d'un effort
trop violent, il fallut bien nous arrêter,
à bout de forces. — Que faire...? que
devenir ?...que résoudre ? ... Depuis longtemps, nous cherchions, sans trouver, —
lorsque nous apercevons une petite chevrière... — Nous l'appelons...

— Dis-nous, c'est haut encore, le port de
Salleix...

— Oh ! oui...

— Et dur ?...

— Oh ! oui... dur, très dur...

— Et tu ne vois pas de bergers qui nous
porteraient ces sacs ?...

— Non...

— Cherche bien...

— Moi, si vous voulez, — je les porte-
rai !...

— Les deux ?...

— Les deux !...

Nous regardâmes alors, avec plus d'attention, cette enfant de quinze ans, qui parlait de marcher avec ce fardeau, dont la moi-
tié nous faisait crier merci... — et nous
vîmes alors une tête aux lignes fortes et
dures, aux yeux ternes, sans expression,
farouches par instants et gardant une fixité
presque effrayante... — les épaules larges,
solides, taillées à angles droits, sur un corps
bas et maigre. — Etait-ce une femme? une
fille?... Nos soldats d'Annam ont les traits
moins durs, la figure moins hommasse.....

— Ton nom ?...

— Marguerite.....

Marguerite !... quel nom pour ce pauvre
être privé de toutes les grâces !...

— Eh bien ! Marguerite, en avant !...
nous sommes prêts à partir...

D'un mouvement brusque, comme une

8

sauvage, elle fait un pas, tend l'épaule, la baisse, et se charge elle-même des deux sacs pesants... Et elle marche, à pas réguliers et rapides, légèrement pliée, les yeux au sol, statue vivante de la persévérance et de la force... Ce qui nous indigne et nous fait rougir de nous-mêmes, c'est qu'elle tient constamment la tête, et qu'elle nous anime, et qu'elle nous encourage...

Plus d'une fois, nous devons lui dire...

— Marguerite, trop vite, trop vite... la pente est rude... et nous ne sommes pas encore de grands montagnards.....

Par bonheur, nous aperçûmes quelques vaches paissant au fond de la gorge verte que nous côtoyions, et cette halte, pour boire quelques gorgées de lait, parut aussi naturelle qu'elle nous était nécessaire... Et quel lait, chers amis, quelle pureté !... De loin, nous vîmes les bonnes bêtes, troublées un peu plus tôt qu'à l'ordinaire, se prêter avec douceur au..... service qu'on leur demandait, et, lorsque la belle et forte fille qui les gardait posa devant nous le large seau d'étain, la mousse fumait encore...

Puis l'ascension continua, pour nous de plus en plus pénible, car Marguerite avait repris des forces et ce n'était plus une enfant des hommes, mais un oiseau, mais une sylphide... Et le capitaine, et le lieutenant, décidément très vexés, avaient beau sauter les ravins, se jeter dans les fondrières et manquer vingt fois de se casser un membre, cette chevrière les devançait toujours, éclairant maintenant d'un sourire presque railleur ses pauvres yeux pleins d'ombre, pour dire au capitaine qui se débat sur une pente raide et glissante...

— Hé! vous n'êtes pas trop dégourdi, savez-vous?...

Pas dégourdi!... après la conquête de tant de cols escarpés, de tant de pics redoutables !... Quelle mortification !... Et pour vous guérir du défaut d'orgueil, quelle rude école que les voyages !...

Quand nous parvînmes au col de Salleix,

il était midi : c'est dire que le soleil tombait
d'aplomb sur nos têtes, et nous n'étions plus
des hommes, mais des ombres d'hommes qui
vont encore, comme les machines usées, on
ne sait pourquoi... — Aussi ne fut-ce pas trop
du splendide panorama qui s'offrit à nos regards, pour nous rendre une étincelle de
vie... — Mais quel panorama !... Sous
ce ciel d'une radieuse pureté, l'immense
couronne de crêtes neigeuses, inondée de
flammes, lançait des éclairs dont les yeux
se détournaient, éblouis... — les pics res-
semblant à des cônes énormes d'où ruisse-
laient perles, topazes, améthystes... Dans
ce cadre merveilleux, au travers d'une
chaude vapeur, la petite ville d'Aulus émer-
geait d'un océan d'arbres, et nous distin-
guions chacune de ses blanches villas,
comme si, du bout de nos lorgnettes, nous
les effleurions... — Mais bientôt nous apprîmes — à nos dépens — qu'on peut être
le jouet, sur une montagne, de mirages
bien étranges, et qu'Aulus était encore

à plus d'une grande lieue du point où
nous nous trouvions. — Après une longue
et vertigineuse descente, Marguerite nous
quitta...

— Voici pour ta peine, ma brave fille,
dit le capitaine K... Prends cette bonne
pièce, bien sonnante... Tu l'as joliment
gagnée...

— M'ci s'nio.

Mais, tout en remerciant, elle regarde
obliquement la pièce, puis la retourne, la
pèse, l'ausculte... — toujours sans parler...

— Je crois qu'elle ne lui semble pas
aussi sonnante qu'à vous-même, votre excellente pièce, — mon cher capitaine ! —
dit à voix basse le lieutenant.

Alors un petit gamin, qui se trouve là,
et qui va devenir notre guide, nous explique
que nous lui avons donné de cette monnaie
espagnole dont on nous a largement munis
dans le Val d'Andorre, mais qui ne passe
que fort difficilement dans ces Pyrénées...

8.

— Tiens, ma bonne, en voici une autre...
Une bonne cette fois, une de France !...

— Oh ! oui... m'ci s'nio !...

Et elle s'enfuit en courant vers ses montagnes...

Le petit homme que nous avons arrêté au passage, pour qu'il nous trace un chemin plus court, à travers bois, jusqu'à Aulus, n'a pas à beaucoup près le même courage et la même constance... Bien qu'il ne porte qu'un de nos sacs, et le moins lourd, tous les cinquante pas il s'arrête, nous dit que « le temps lui manque » (mot joli dans la bouche d'un petit coureur de montagnes) et ne repart qu'avec la ferme promesse d'une meilleure pièce, « bien française », — Nous l'attirons, nous l'entraînons ainsi, à force de mots sonores, jusqu'à une petite prairie d'où l'on distingue clairement le chemin d'Aulus... Mais ce fort petit gaillard vient de nous prouver, par un frappant contraste, de quelle force prodigieuse a fait preuve la pauvre chevrière qui déjà sans doute a repassé le Salleix, et retrouvé son petit troupeau, broutant sur la pente verte où elle l'a laissé...

Pour être francs, nous devons dire que cette course folle, à travers ces bois et ces fourrés presque inextricables, nous avait abattus, exténués, et que nous faisions triste figure en entrant dans les rues brûlantes d'Aulus... — Ce serait une assez jolie station que cet Aulus, si, par bonheur, les malades en connaissaient un peu mieux le chemin... mais nous trouvâmes la petite ville presque déserte, accablée d'une tristesse morne... On s'étouffe à Luchon, aux Eaux-Bonnes : on ne peut vraiment s'étouffer partout. — D'ailleurs, cette solitude, si lamentable qu'elle fût, était pour nous presque charmante, puisqu'elle nous faisait goûter un bien meilleur repos... — Toute cette journée se passe donc en courtes promenades, en douces flâneries, de l'hôtel à l'Établissement thermal où nous primes un bain délicieux... — Ce qui nous semblait surtout plein de charme, c'était de pouvoir fixer sans cesse — de bien loin, tout au fond de l'azur tendre —, ce col de Salleix qui nous avait demandé de si rudes efforts...

Car l'homme aime à songer aux maux qu'il ne sent plus...

Le lendemain, à l'aube, nous partions pour Saint-Girons, et, cette fois, par la plus belle des routes nationales, traversant de riches et riants villages... A Oust, eut lieu un de nos plus mémorables déjeuners, préparé avec un soin et une délicatesse extraordinaires — dans une auberge qui ne reçoit pas dix étrangers par an ; et nous prîmes de nouvelles forces, pour affronter la chaleur torride, accablante, qui nous contraignit de faire des haltes plus nombreuses et plus longues, mais dans des sites absolument merveilleux, vraies oasis de verdure transparente, sur le bord du Salat, rivière au cours capricieux, qui serait célèbre comme la Voulzie, si un pauvre poète l'eût chantée... A Lacoust, nous primes la petite collation du soir, à cette heure recueillie où le soleil mourant jette un manteau de pourpre sur les prés, et, à huit heures du soir, nous atteignimes Saint-Girons où, par une excellente nuit, passée dans un confortable hôtel, nous réparâmes toutes les mauvaises...

C'est à Saint-Girons que prit fin notre voyage à pied. — Et maintenant, chers amis, nous aurions, si nous le voulions, tout un autre récit à vous faire, celui de nos excursions à Bagnères-de-Bigorre, à Luchon, à Cauterets — et de nos saisissements à la vue de ce monde élégant et frivole des villes de bains, de cette société « polie » dont nous avions perdu le souvenir depuis quelques jours. Même nous aurions peut-être beaucoup à vous dire et sur cette admirable route, de Pierrefitte à Cauterets dont les hautes murailles rocheuses sont si tristement déshonorées par des affiches d'hôtel, et sur la célèbre route d'Espagne

où les pâles malades se mêlent en foule
compacte à de gais promeneurs — bien
douloureux contraste – et surtout, sur ce
délicieux lac de Gaube, où se réflètent des
cimes roses, des pics de diamant, sur les
eaux bleues duquel nous avons une seconde
tristement rêvé,... parce qu'une petite
tombe s'élève sur ses bords, et que c'est celle
de deux fiancés ou de deux amants qui s'y
sont endormis pour l'éternité... — Ensuite,
nous devrions vous dire que le site où
s'élève la fameuse grotte de Lourdes est divi-
nement beau, qu'on y voit en effet des
milliers de saintes béquilles et de pieux
bâtons, mais que sous ce ciel, devant ce
paysage, la foi semble respectable et belle...
Et puis ce seraient Pau, Biarritz, Arcachon,
Royan, Amélie-les-Bains, un village qui
peut devenir un jour un petit Trouville
et que nous avons vu, presque sortant de
terre, sous les yeux d'un de ses fondateurs,
M. W..., le plus aimable des hôtes...; et
nous aurions ainsi la matière d'un petit

tome II... Mais souffrez, chers amis, que nous nous bornions à ce doux Val d'Adorre... Depuis longtemps vous avez lu un « Voyage aux Pyrénées » qui, dans ce genre spécial, a toujours passé pour un chef-d'œuvre... Quelle vraisemblance que vous nous supportiez après Henri Taine !...

— Mais au moins le grand écrivain n'a vu ni le vieil Encamp, ni la gorge d'Ordino, ou — ce qui revient au même — il n'en a point parlé... — Et voilà pourquoi nous n'avons pas craint de vous engager à faire en notre compagnie ce petit voyage chez les Andorrans.

D'ailleurs, vous le savez, c'est presque chez nous une marotte, et quitte à passer pour de fâcheux médecins ou d'ennuyeux moralistes, nous ne cesserons de vous dire et de vous répéter : Faites comme nous quelques voyages à pied ! — Essayez : cela ne coûte rien... ou si peu de chose !... Et vous verrez après !... vous verrez quelle heureuse influence ils peuvent avoir pour équilibrer les forces, pour reconstituer le corps, pour assainir l'esprit... Et! mon Dieu! qui sait?... Si beaucoup de Français avaient moins d'horreur pour le voyage et pour la marche, pour tout ce qui dégage la tête et le cerveau, peut-être se seraient-ils moins affolés aussi pour certain grand homme que vous connaissez!...—Pardonnez-nous ce paradoxe ou cette boutade : nous ne songeons pas à médire — mais nous pensons, en écrivant ces lignes, à nos voisins dont nous aimons à rire, parce qu'ils ont trop de bon sens, à ces Anglais, grands voyageurs et grands marcheurs, si mal habillés, mais si bien équipés, admirables touristes...

Jeunes gens qui avez trop vécu et qui pourtant voulez vivre encore — plus paisiblement — croyez-nous, c'est un bon remède et qui quelquefois répare tout... Pauvres, désabusés, pauvres lassés de la vie, imitez, sinon notre exemple, du moins celui d'un malheureux comme vous, — de Ben-

jamin Constant, qui, l'esprit malade, partit
un soir pour l'Angleterre avec « trois che-
mises et quinze guinées » (c'est lui qui l'écrit
à son amie Mme de Charrière) et retrouva au
moins quelque espérance de bonheur, puis-
qu'il adressait à cette dame les lignes sui-
vantes que nous transcrivons pour vous :
« Quand je suis bien fatigué, que j'ai du linge
bien sale (ce qui m'arrive quelquefois et me
fait plus de peine que tout autre chose),
qu'une bonne pluie me perce de tous côtés,
je me dis : « *Ah ! que je vais être heureux, cet automne, avec du linge blanc,
une voiture et un habit sec et propre !* »
Et c'est là sans doute tout le secret du
bonheur. »

Certes il ne faut pas commencer par de
trop grandes étapes, ni par de trop longs
voyages ; observez un sage crescendo : deux
jours d'abord, puis quatre, puis dix, —
vingt kilomètres au début, trente, cinquante
ensuite. L'entraînement n'est pas un vain
mot. Quant aux repas d'auberge, aux murs

nus et aux lits un peu plats des chambres
de villages, ne vous en effrayez point : après
une étape de quinze lieues, on dormirait
sur une planche de chêne et l'on dévorerait
des herbes crues... Et d'ailleurs, presque
toujours, les draps sont encore embaumés
de la récente lessive; et des mets très
simples, mais d'une heureuse digestion,
l'on peut dire :

Tout ce qu'on boit est bon, tout ce qu'on mange est sain.
La maison le fournit, la fermière l'ordonne,
Et mieux que *nos Bréhants* l'appétit l'assaisonne !.

Et puis, par les humbles on est si bien
reçu ! — surtout en montagne, — que l'on
part souvent le cœur touché, avec quelque
bon sentiment dans l'âme...

L'un de vos deux amis a, vous le savez,
mille raisons pour songer à ceux que les affaires accablent, entraîne dans leur tourbil-
lon, et c'est son expérience personnelle qu'il
met à leur service... Après une période plus

rude que les autres de tracas, de soucis, de labeurs excessifs, qu'ils s'échappent s'ils le peuvent, pour deux jours, pour huit jours à pied, sac au dos, afin de se retremper, et de faire une provision nouvelle de force et d'énergie physique et morale !

Et vous, mesdames, pensez-vous que nous vous oubliions ou que nous affections de ne point songer à vous ?... Non pas, certes !... Car vous pouvez nous être d'utiles auxiliaires, en engageant vos maris, vos fils à suivre résolument nos conseils : faites-les partir, bouclez leur sac, envoyez-les au vrai grand air, pour qu'ils vous reviennent plus sains de corps, plus égaux d'humeur, plus aimants peut-être et moins assidus à leur cercle... Que de déceptions, que d'amertumes, que de... traverses conjugales vous vous épargneriez peut-être ainsi !... Vous ne le savez que trop...

D'ailleurs, rien ne vous empêcherait de les imiter, de les suivre, et que résulterait-il souvent d'un de ces petits voyages pédestres ?... De douces causeries au coin du feu, une intimité plus tendre, et — pour la chère patrie — ... de plus beaux enfants.

TABLE DES MATIÈRES

ÉVREUX, IMPRIMERIE DE CHARLES HÉRISSEY

www.ingramcontent.com/pod-product-compliance
Lightning Source LLC
Chambersburg PA
CBHW050014100426
42739CB00011B/2643